아낄수록
밝아지는
에너지

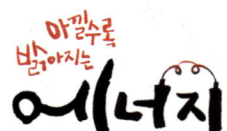

2판 1쇄 발행 2020년 10월 30일

글쓴이	박주혜
그린이	김규준
펴낸이	이경민
펴낸곳	㈜동아엠앤비
출판등록	2014년 3월 28일(제25100-2014-000025호)
주소	(03737) 서울특별시 서대문구 충정로 35-17 인촌빌딩 1층
전화	(편집) 02-392-6901 (마케팅) 02-392-6900
팩스	02-392-6902
전자우편	damnb0401@naver.com
SNS	

ISBN 979-11-6363-272-6 74400

※ 책 가격은 뒤표지에 있습니다.
※ 잘못된 책은 구입한 곳에서 바꿔 드립니다.
※ 이 책에 실린 사진은 위키피디아, 셔터스톡에서 제공받았습니다.

 초등 융합 사회과학 토론왕 시리즈의 출판 브랜드명을 과학동아북스에서 뭉치로 변경합니다.
도서출판 뭉치는 ㈜동아엠앤비의 어린이 출판 브랜드로, 아이들의 지식을 단단하게 만들어주고,
아이들의 창의력과 사고력을 키워주어 우리 자녀들이 융합형 창의 사고뭉치로 성장할 수 있도록 좋은 책을 만들겠습니다.

아낄수록 밝아지는 에너지

글쓴이 **박주혜**
그린이 **김규준**

뭉치 MoongChi Books

펴내는 글

대체 에너지가 화석 에너지 문제를 해결할 수 있을까?
원자력 에너지는 우리에게 해로운 걸까 이로운 걸까?

선생님의 질문에 교실은 일순간 조용해집니다. 누군가 대답하기를 기다리다 못해 선생님께서 콕 집어 누군가의 이름을 부르는 순간 나는 걸리지 않았다는 안도감에 금세 평온을 되찾지요. 우리 교실에서 자주 볼 수 있는 풍경입니다.

사람들 앞에서 자신의 생각을 조리 있게 전달하는 기술은 국어 시간에만 필요한 것이 아닙니다. 수업 시간뿐만 아니라 상급 학교 면접 자리 또는 성인이 된 후 회의에서도 자신의 의견을 분명히 표현하는 것이 중요합니다. 하지만 어디서부터 시작해야 할지 몰라 입을 떼는 일이 쉽지 않습니다. 얼떨결에 한마디 말을 하게 되더라도 뭔가 부족한 설명에 왠지 아쉬움이 들 때도 많습니다.

논리적 사고 과정과 순발력까지 필요로 하는 토론장에서 자신만의 목소리를 내려면 풍부한 배경지식은 기본입니다. 토론 중에는 상대의 의견을 받아들이거나 비판하기 위해 의견의 타당성과 높은 수준의 가치 판단을 해야 하는 경우가 많은데, 자신의 입장을 분명히 하기 위해서는 풍부한 자료와 논거가 필요합니다. 또한 고학년으로 올라가서 배우는 수업과 진학 시험에서의 논술은 교과서 이상의 것을 요구합니다.

「초등 융합 사회과학 토론왕」 시리즈는 사회에서 일어나는 다양한 사건과 시사 상식 그리고 해마다 반복되는 화젯거리 등을 초등학교 수준에서 학습하고 자신의 말로 표현할 수 있도록 기획되었습니다. 체계적이고 널리 인정받은 여러 콘텐츠를 수

집해 정리하였고, 전문 작가들이 학생들의 발달 상황에 맞게 스토리를 구성하였습니다. 개별적으로 만들어진 교과서에서는 접할 수 없는 구성으로 주제와 내용을 엮어 어린이 독자들이 과학적 사고뿐만 아니라 문제 해결력, 비판적 사고력을 두루 기를 수 있도록 하였습니다. 그리고 폭넓은 정보를 서로 연결지어 설명함으로써 교과별로 조각나 있는 지식을 엮어 배경지식을 보다 탄탄하게 만들어 줍니다. 이러한 통합 교과형 구성은 국어를 기본으로 과학에서부터 역사, 지리, 사회, 예술에 이르기까지 상식과 사회에 대한 감각을 익히고 세상을 올바르게 바라보는 눈을 갖는 데 큰 도움이 될 것입니다.

『아낄수록 밝아지는 에너지』는 그동안 에너지를 아낌없이 펑펑 쓰던 별이네 가족이 에너지의 소중함을 깨닫는 과정을 그리고 있습니다. 별이 엄마와 아빠가 전기나라의 전력 박사님과 초보 기자 전류를 만나 전기를 만들기까지 얼마나 많은 사람들의 노력이 필요한지, 왜 아껴 써야 하는지를 그리고있습니다. 그리고 별이는 생활 속에서 에너지를 아끼는 방법을 찾아보게 되지요. 이 책을 통해 에너지에 대한 상식을 키우고 에너지 절약과 대체 에너지에 대한 자신만의 생각을 정리할 수 있기를 기대해 봅니다.

편집부

차례

펴내는 글 · 4
전기나라에서 생긴 일 · 8
프롤로그 · 10

1장 에너지가 뭐예요? · 13

움직이게 하는 힘, 에너지
에너지의 처음
전류, 인간세상에 첫발을 내딛다
에너지는 왜 아껴 써야 해?

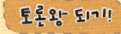 생태계의 흐름, 생태계에서 먹고 먹히는 자

2장 전기를 만드는 그 이름 바로 석유와 석탄 · 37

석유와 석탄은 화석 에너지
화석 에너지가 왜 나빠?
경고! 에너지 낭비

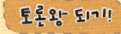 가정용 전기료에 적용하는 누진제는 적당한 걸까?

3장 원자가 만드는 에너지 · 59

원자를 소개합니다
원자력은 어디에
원자력 발전의 두 얼굴

토론왕 되기! 원자력 에너지, 써야 할까 말아야 할까?

4장 에너지를 절약해요 · 93

재생 가능 에너지가 있어?
에너지를 만들어 쓰는 마을
우리 집에서도 할 수 있어요

토론왕 되기! 지구를 지키기 위한 여러 가지 노력

에필로그 · 110
에너지 관련 사이트 · 117
어려운 용어를 파헤치자! · 118
신나는 토론을 위한 맞춤 가이드 · 120

🅔 프롤로그

"별아! 그렇게 있으면 위험해."

별이는 촛불을 든 채 콘센트 구멍에 얼굴을 바싹 붙이고 안을 들여다보고 있었어요. 별이 엄마는 깜짝 놀라 촛불을 빼앗다시피 가져가 버렸어요. 덩달아 놀란 별이가 뒤로 넘어지면서 엉덩방아를 찧고 말았지요.

전기나라 초보 기자 전류는 콘센트 안에서 눈을 동그랗게 뜨고 그 모습을 지켜보았어요.

"인간들에게 들키고 싶은 게냐!"

누군가 류의 뒷덜미를 잡아당겼고, 류는 뒤를 돌아보았어요. 새하얀 머리카락에 흰색 가운을 입은 온통 새하얀 할아버지가 류를 무서운 눈초리로 쏘아보았어요. 그러더니 할아버지는 쓰러진 병사들에게 돌아가 알약을 주며 기운을 내라고 다독였어요.

"할아버지는 누구세요?"

류는 할아버지 뒤를 쫓아가 물었어요.

"할아버지라니! 머리는 하얗지만 얼굴은 동안이니 할아버지는 아니라고!"

"그럼 뭐라고 불러요?"

"박사님이라고 부르거라."

"박사님이요?"

"그래, 다들 그렇게 부르니까. 나는 전력, 력 박사님이라고 부르면 된다. 너는 누구냐?"

"저는 전류에요. 전기일보 취재기자고요. 전기나라에 위급한 상황이 발생했다는 이야기를 듣고 헐레벌떡 뛰어왔어요. 열심히 취재해서 기사를 쓰려고요. 그런데 정말 전력 박사님이세요? 에너지에 대해서라면 모르는 것이 하나도 없다는, 소문으로만 들었던 그 분이 진짜 맞아요?"

류가 박사님을 신기하게 바라보며 말했어요. 그런 류를 흘깃 본 박사님이 답했지요.

"딱 보니 초보구나."

"네, 전기일보 수습기자 전류입니다! 박사님, 꼭 한 번 뵙고 싶었어요!"

"난 안 보고 싶었다."

력 박사님은 자신을 따라다니는 류를 모른 척한 채 병사들을 돌보는 데 여념이 없었어요.

사이렌 소리는 멈출 줄 모르고 계속 울렸어요.

"삐링삐링, 전스타 1호 발령! 위급 상황 발생. 전스타 1호 발령!"

여기저기 쓰러진 전기병사들과 류는 이 소리를 듣는 게 괴로웠어요. 하지만 력 박사님은 아무렇지도 않은 듯 평온해 보였지요.

"박사님, 그런데 이게 어떻게 된 일이에요? 이 많은 전기병사들이 한 꺼번에 쓰러지다니, 말도 안 돼요!"

류는 당황한 듯 떨리는 목소리로 박사님께 물었어요. 전기병사들은 거친 숨을 몰아쉬며, 신음소리를 내고 있었지요.

"인간들이 전기를 너무 많이 사용해서 그래. 전기병사들은 전기를 공급하기 위해 열심히 일했지만 그 양이 너무 엄청나서 결국 쓰러진 거야. 전기병사들이 쓰러졌으니 인간 세상은 아마 전기가 끊겼을 게다."

류와 력 박사님이 대화를 나누고 있는 사이 전기병사들이 하나, 둘 정신을 차리기 시작했어요.

1장
에너지가 뭐예요?

 움직이게 하는 힘, 에너지

"박사님, 여기 365-1번 전선에서만 수백 명이 넘는 전기병사가 쉬지 않고 일하고 있어요. 바깥세상에서는 전기를 얼마나 쓰기에 전기병사들이 쓰러지는 거예요? 이런 인간들한테 꼭 전기를 배달해야 하나요?"

전류는 전력 박사님의 뒤를 졸졸 쫓아다니면서 물었어요.

"바깥세상에 사는 인간들에게 전기를 공급하는 일이 우리의 소임이니 어쩔 수 없지. 전기나라에서 배달할 수 있는 전기량은 정해져 있는데 인간들이 전기를 점점 더 많이 사용하고 있어. 그러니 우리 전기병사들이 아무리 열심히 일해도 전기를 다 공급하기가 어려운 거지. 갑자기 전기병사의 수를 늘릴 수도 없고……. 인간들이 조금만 절약해서 쓰면 좋을 텐데."

박사님은 류의 말에 대답하면서 하나, 둘 기운을 차리는 전기병사들의 어깨를 토닥여 주었어요. 조금씩 기운을 차린 전기병사들은 모두 자리에서 일어나 일할 준비를 했지요.

"하나, 둘! 하나, 둘!"

우렁찬 구령 소리와 함께, 전기병사들이 들고 있던 작은 전기볼에 전기가 흐르기 시작했지요. 곧 인간 세상에 전기가 공급되었어요.

"엄마! 전기 들어왔어. 선풍기도 돌아가고, 텔레비전도 켜졌어!"

콘센트 구멍 밖에서 인간의 목소리가 들렸어요.

력 박사님은 전기병사들이 전기를 배달하는 모습을 한참동안 바라보았어요. 간혹 힘들어 하는 병사에게 알약을 더 주기도 했지요. 류는 그런 박사님과 병사들을 보면서, 취재수첩을 펼쳤어요.

폭염으로 바깥세상 인간들이 사용하는 전력소비량이 늘어남에 따라 우리 전기나라 병사들의 작업량이 많아져 힘들어 하고 있음. 365-1번 전선에서 갑작스러운 전력 사용량 증가로 인해 병사들이 쓰러졌음. 전기나라의 위험을 알리는 전스타 1호 발령. 전력 박사님의 도움으로 전기병사들이 다시 기운을 차림.

"이제야 제자리를 찾은 것 같군. 전기병사들이 제 역할을 하고 있어!"

병사들이 열심히 일하는 모습을 본 박사님이 흡족한 미소를 지으며 고개를 끄덕였어요. 박사님은 뭔가를 열심히 적는 류를 힐끗 보았어요.

"초보 기자 녀석이 아주 열심이구나. 그래, 네 이름이 뭐라고?"

"류요! 전류!"

류는 후다닥 대답했어요.

"류, 그래. 아까부터 졸졸 따라다니면서 귀찮게 굴었지? 나를 만나고 싶었다고? 왜 만나고 싶었던 게냐?"

"그게요, 사실은 박사님께 여쭤보고 싶은 게 있었어요."

"음……. 열심히 쫓아다니는 게 기특하니 네게 특별한 기회를 주마. 전기나라에서 모르는 것이 없는 이 전력 박사님에게 무엇이든 물어 볼 수 있는 단 한 번의 기회! 그래, 제일 알고 싶은 게 뭐냐?"

"그게요, 우리 전기나라가 공급하는 전기가 에너지잖아요. 전기 에너지요. 그런데 인간들이 움직이는 것도 에너지가 있기 때문이라고 하더라고요. 도대체 에너지가 뭐예요?"

류는 기다렸다는 듯 물었어요.

"초보 기자다운 질문이군. 그럼 전기병사들도 어느 정도 기운을 차린 것 같으니 널 위해 특별히 전력 박사님의 '에너지 강의'를 시작해 볼까? 흠흠."

목소리를 가다듬은 후 력 박사님의 이야기가 시작되었어요.

"에너지는 다양하고 넓은 의미로 쓰이는 말이지. 그래서 헷갈릴 수 있어. 에너지는 어떤 것을 움직이게 하는 힘이라고 생각하면 돼. 그래서 에너지가 사람에게 쓰일 때는 '사람이 움직이는 데 근원이 되는 힘'을 뜻하고, 물체에 쓰일 때는 '물체가 움직일 수 있는 능력'을 뜻한단다."

력 박사님은 차근차근 설명해 주었어요.

"움직이는데 근원이 되는 힘이 에너지에요? 그럼 제가 움직이는 것도 에너지가 있기 때문이에요? 전기병사들이 배달하는 전기 에너지도 무언가를 움직이게 하는 힘인 거예요?"

류는 고개를 갸웃거리며 물었어요.

"그래 맞다. 네가 움직이는 것도 에너지가 있기 때문이지. 전기 에너지도 바깥세상 사람들이 사용하는 기계들을 움직이게 하는 힘이야. 그러니까 에너지는 사람이나 물체, 누구에게나, 어디에나 있어. 그리고 언젠가는 일이나 운동으로 바뀌어 사용된단다."

"그러니까 제가 취재수첩에 글씨를 쓰는 것도, 바깥세상 인간이 움직이고, 식물이 자라는 것, 동물이 움직이는 것, 자동차가 도로를 달리고 비행기가 하늘을 나는 것 모두 다 에너지가 있기 때문인 거예요?"

류는 반짝이는 눈으로 박사님께 물었어요.

"그래, 맞다. 녀석, 이해력이 빠른데? 어떤 것을 움직이게 하는 힘, 그것이 바로 에너지란다."

에너지의 분류

에너지는 '물체 내부에 간직되어 있는 일'이라는 뜻의 그리스에서 나온 말이다. 에너지는 사람이나 물체가 움직일 수 있는 힘을 말한다.
에너지는 에너지 자원으로 나누기도 하고, 에너지 형태로 나누기도 한다. 에너지 자원에는 태양, 바람, 석유, 석탄, 가스, 우라늄 등이 있다. 에너지의 형태에는 운동 에너지, 위치 에너지, 전기 에너지, 열에너지, 빛에너지, 화석 에너지 등이 있다.

 에너지의 처음

"박사님, 에너지는 어디에나 있는 거예요? 그럼 에너지는 언제부터 있었어요? 우리 전기나라가 생기기 전부터 있었어요?"

박사님의 설명을 열심히 듣던 류는 반짝이는 눈으로 박사님에게 질문했어요. 류의 질문에 박사님이 하얀 머리카락을 긁적이며 대답했어요.

"어디 도망 안 갈테니 천천히 하나씩 질문하려무나. 당연히 전기나라가 생기기 훨씬 전부터 에너지는 있었지. 처음부터 이야기를 해야겠구나. 바깥세상 인간들의 원시시대부터 이야기해야 해. 에헴, 긴 이야기가 될 듯하니 좀 앉아야겠다."

력 박사님은 전기병사들이 일하는 곳에서 빠져나와 한적한 벤치에 자리를 잡고 앉았어요. 류도 박사님 옆에 바싹 붙어 앉았지요.

"원시시대 인간들은 지금과는 다른 모습이었단다. 두 발로 걸어 다니는 원숭이에 가까웠다고 할 수 있지. 당시 최초의 에너지는 아마 빛과 열이었을 게다. 바로 태양이지. 원시 시대 인간들은 사냥으로 잡은 동물이나 열매를 먹으며 살았단다. 인간들이 뭔가를 먹는 것도 움직이는 데 필요한 에너지인 영양분을 채우기 위해서였어. 그러다 갑자기 새로운 에너지를 알게 되었어. 바로 불이지. 그것도 큰불."

"불을 알게 돼요? 어떻게요? 그때는 라이터나 가스 불같은 것도 없었을 것 아니에요."

"그렇지. 한번 생각해 보렴. 인간들은 큰불을 어떻게 알게 됐을까?"

"큰불이요? 큰불? 큰불이 뭐가 있지? 빨리 얘기해 주세요, 빨리요."

"녀석, 성격이 급하구나. 큰불이면 뭐가 있겠어, 자연적인 불 아니겠니? 마른 나무끼리 부딪혀서 산불이 나거나, 화산이 폭발하거나, 나무가 벼락에 맞아 불이 붙는 것을 보게 된 거지. 처음에 인간들은 자연적으로 나는 불에 두려움을 느꼈지만, 우연히 불에 익은 고기를 먹게 되고, 동물들이 불을 두려워한다는 사실을 알게 되었단다. 그 다음부터 인간들은 불을 이용하기 위해 만드는 방법을 찾기 시작했지."

"불을 어떻게 만들어요? 혹시 TV만화에서처럼 돌과 돌을 부딪쳐서 만든다는 말씀인가요?"

"그래, 그때는 불을 만들 수 있는 방법이 그것밖에 없었어. 나무끼리 부딪히거나, 돌끼리 부딪혀 불을 만들었지. 불을 다룰 수 있게 되면서 인간들은 추위를 이길 수 있게 됐고, 음식을 익히고, 어둠을 밝힐 수 있게 됐지. 불만 있으면 맹수의 공격도 피할 수 있었어. 그렇게 불을 통해 인간은 점점 더 강해진 거란다."

"인간이 이렇게 발전할 수 있었던 것도 불이 있었기 때문인 거네요?"

무릎을 치며 감탄하는 류를 박사님은 귀여운 듯 바라보았지요.

"불 하나 때문에 인간이 문명을 만들고, 발전시켰다고는 할 수 없지만, 문명의 발달 시작점에 불이 있는 것만은 사실이지. 인간들은 점점 발전을 거듭해서 산업혁명이라는 것을 경험했고 빠르게 발전했단다. 석탄과 석유라는 에너지 자원을 이용해서 증기기관, 기관차, 증기선이라는 교통수단을 만들었고, 지금 가장 널리 이용되고 있는 교통수단인 자동차도 만들었지. 자동차가 널리 보급되면서 석유는 인간들이 가장 많이 찾는 에너지 자원이 되었단다. 또 현재 인간 세계에서 가장 중요한 에너지 자원이기도 하고."

"에너지 자원이요?"

"그래, 에너지를 만들 수 있는 것을 에너지 자원이라고 한단다. 석유나 석탄, 태양과 바람도 모두 에너지 자원이지."

"그럼 우리 전기병사들이 나르는 전기도 에너지 자원으로 만들어진 거예요?"

"그래, 전기도 석탄이나 석유, 원자력과 같은 에너지 자원을 이용해서 만든 에너지란다. 그 자원으로 전기를 만들고, 그렇게 만들어진 전기를 인간들이 사용할 수 있도록 우리 전기병사들이 배달하는 것이야."

"아, 그렇구나. 그럼 인간들은 전기를 어떻게 써요? 전기를 바로 쓸 수 있어요?"

"내 그 질문을 할 줄 알았지. 허허, 얘기를 해줄까 말까? 에헴, 목이 좀 마른 걸?"

"제가 얼른 물 가져 올게요. 물 마시고 나서 얘기해 주세요!"

쏜살같이 뛰어가는 류를 박사님은 지그시 바라보았어요. 열심히 공부하는 류가 아주 대견하다고 생각하면서 말이지요.

"여기요, 물 가져왔어요. 얼른 드세요."

"얼른 먹고 체하면 어쩌려고 그러는 거냐? 물 먹고 체하면 약도 없다고 하는데, 이런 고얀 녀석."

"아니, 아니 그게 아니고요, 물은 천천히 드시고, 얘기는 얼른 해 주세요."

"허허, 그래 알았다. 물이 아주 시원하구나."

대한민국에서 전기가 처음 사용된 때는?

대한민국에 처음으로 전기불이 들어 온 것은 1887년 3월이다. 처음으로 불이 켜진 장소는 바로 경복궁에 있는 건청궁이라는 궁궐이다. 처마 밑에 들어 온 불을 본 사람들은 묘한 불이라고 불렀다고 한다. 이후 1900년 4월 10일 종로에 첫 거리 조명 등이 밝혀졌고, 1901년에는 일반 주택에서도 전기등을 사용하게 되었다.

 전류, 인간세상에 첫발을 내딛다

"인간들은 에너지를 사용하며 살고 있지. 전기는 가장 많이 사용하는 에너지 중 하나이고. 인간들은 말이다……."

"저도 알아요. 인간들의 생활에 대해서라면 저도 알만큼은 안다고요. 실제로 본 적은 없지만."

력 박사님의 말에 류가 입을 뾰루퉁하게 내밀었어요. 사실 류는 인간들의 생활을 실제로 본 적이 한 번도 없었어요. 책이나 신문을 접해 본 게 전부였지요.

"그래? 직접 보는 것보다 더 좋은 건 없지. 백문이 불여일견이라는 말도 있잖니. 따라오려무나. 바깥세상을 구경시켜 주마."

박사님은 류에게 따라오라는 손짓을 하고는 앞장서서 걸었어요. 류는 심장이 콩닥콩닥 뛰었어요. 인간들의 모습을 실제로 볼 수 있다고 생각하니 설레었던 거예요.

력 박사님과 류는 365-1번 전선 끝을 향해서 걸었어요. 한참을 걸은 후에야 콘센트 구멍 앞에 도착했어요. 전기병사들이 모두 쓰러졌을 때, 미세한 빛이 들어오던 바로 그 구멍이었어요. 박사님은 구멍 앞에 서서 조심스럽게 밖을 살펴보았어요.

"인간들에게 들키지 않게 잘 따라오너라."

박사님은 류에게 말하고는 폴짝 뛰어 구멍 밖으로 나가 버렸어요. 류는 침을 꼴깍 삼키고는 눈을 질끈 감고 박사님을 따라 구멍 밖으로 뛰어 내렸지요.

도착해서 눈을 뜬 곳은 온통 빛으로 가득했어요. 어찌나 환한지 류는 눈을 제대로 뜰 수 없었지요. 류는 눈을 몇 번 깜박이다 천천히 주위를 둘러보았지요. 낮이라 환한데도 집 천장에는 형광등이 빛을 내고 있었어요.

"천장에 있는 건 형광등이라고 빛을 내는 기구야. 인간들이 많이 사용하는 장치지. 우리가 만든 전기 에너지는 대부분 그 자체로 쓰는

것이 아니라 빛에너지나 열에너지 등으로 바꾸어 사용하게 돼. 형광등은 전기 에너지가 빛에너지로 바뀌는 물건이란다."

류는 형광등을 올려다보면서 고개를 끄덕였어요. 여전히 눈이 부셨어요.

"여기는 인간세상의 별이네 집이구나."

주변을 살펴보던 박사님이 말했지요.

"별이요?"

"그래. 저 사진 속에 있는 아이가 별이고. 문 앞에 별이의 방이라고 쓰여 있잖니."

류는 박사님이 가리키는 쪽을 바라보았어요. 귀여운 여자아이가 방긋 웃고 있는 사진과 별이의 방이라고 쓰인 푯말이 붙어 있었지요.

박사님과 류는 살금살금 걸어 안쪽으로 갔어요. 별이는 엄마 아빠와 함께 거실에서 텔레비전을 보고 있었어요. 류는 인간들의 모습이 신기했어요. 조금 더 가까이에서 보고 싶었지만 그럴 수 없었어요. 어디선가 찬바람이 쌩쌩 불어와서 인간들 가까이 갈 수가 없었거든요.

"박사님, 여기는 너무 추워요. 왜 이렇게 추운 거예요?"

"많이 춥니? 저기 귀퉁이에 있는 기계에서 찬바람이 나와서 그렇단다. 저 기계 이름이 에어컨이야. 선풍기도 켜져 있구나."

"저도 에어컨, 선풍기, 텔레비전 다 알아요. 사진으로 봤다고요. 에어

컨이 이렇게까지 차가운 바람이 나오는 건 줄은 몰랐지만요."

류는 거실을 둘러보았어요. 에어컨에서는 찬바람이 쌩쌩 나오고 있었고 선풍기는 이쪽저쪽으로 회전하며 바람을 일으키고 있었지요.

"날이 더워지면 인간들은 에어컨과 선풍기를 이용해서 더위를 식히지. 선풍기와 에어컨은 전기 에너지가 있어야 움직인단다."

눈을 동그랗게 뜨고 인간들의 일상생활을 관찰하던 류의 얼굴이 새파랗게 질렸어요.

"박사님, 박사님! 큰일 났어요. 괴물체가 우리 쪽으로 와요!"

박사님과 류는 재빨리 소파 밑 나무다리를 붙잡았어요. 괴물체는 요란한 소리를 내면서 류와 력 박사님을 빨아들이려고 했지요. 한참동안 소파 밑을 돌아다니던 괴물체는 잠시 뒤 거실 가운데를 돌아다녔어요.

"휴, 큰일 날 뻔했구나. 저건 로봇청소기란다. 기계가 스스로 돌아다니면서 청소를 하지. 물론 저 기계도 전기가 있어야 움직일 수 있어."

"좋은 기계네요. 우리를 집어삼킬 뻔한 것만 빼면 말이에요."

류와 박사님은 크게 숨을 들이쉬고는 소파로 뛰어 올라갔어요.

번개와 피뢰침

번개는 구름과 구름, 구름과 땅 사이에 일어나는 아주 센 정전기 현상이다. 이는 미국의 프랭클린이라는 과학자가 연을 띄워 증명했다. 이 위험한 실험을 감행한 프랭클린은 피뢰침을 발명하기도 했다. 피뢰침은 금속으로 끝을 뾰족하게 만들었는데, 번개에서 발생한 전기를 땅으로 안전하게 흘려보내 번개에 의한 피해를 줄이는 역할을 한다.

 에너지는 왜 아껴 써야 해?

"여보, 날도 더운데 우리 시원한 냉면 먹으러 갈까?"

"그럴까요? 안 그래도 요리하기 살짝 귀찮았는데, 밥은 저녁에 먹고 점심은 외식해요."

"나는 냉면 말고 피자!"

별이네 가족이 외식하러 나간 덕분에 력 박사님과 류는 별이네 집을 편하게 돌아다닐 수 있게 되었어요.

"에너지는 계속해서 다른 에너지로 바뀌는 건가 봐요. 인간들이 사용하는 전자제품도 전기 에너지가 다른 에너지로 바뀌는 거잖아요."

"맞아. 에너지는 다양한 도구나 인간들의 행동을 통해 다른 에너지로 바뀌게 돼. 에너지의 비밀을 또 하나 알려줄까? 에너지는 없어지거나 사라지지 않는단다."

"없어지거나 사라지지 않는다고요? 에이, 말도 안 돼요. 그럼 펑펑 써도 되잖아요. 안 없어지는데 뭐하러 아껴 써요?"

"허허허, 그래, 그렇게 생각할 수도 있겠구나. 그런데 왜 아껴 써야 하냐고? 그건 에너지가 전환될 때 100% 사용 가능한 에너지로 전환되지 않기 때문이지."

"네? 100%……, 사용 가능한, 에너지……요?"

"그래, 에너지가 다른 에너지로 전환될 때 원래 에너지의 일부만 원하는 형태의 에너지로 바뀌게 된단다. 예를 들어 전기 에너지 100을 열에너지로 바꾼다고 할 때, 바뀐 열에너지는 100이 안 된다는 거지. 전환되는 과정에서 불필요한 에너지가 생기는 거야."

"무슨 말씀이신지 잘 모르겠어요. 불필요한 에너지는 또 뭐예요?"

"형광등을 생각해 보자꾸나. 형광등은 전기 에너지가 빛에너지로 전환되는 거라고 했지? 그런데 형광등이 빛을 낼 때 만져 보면 뜨겁단다. 열에너지도 만들어지는 거지. 그러니까 전기 에너지가 전부 빛에너지로 전환되지는 않는다는 거야."

"아, 그러니까 형광등이 내는 빛에너지와 열에너지를 합치면 전기 에너지 100이 되는 거예요? 그래서 에너지는 없어지거나 사라지는 게 아니라고 하는 거고요?"

"옳거니! 잘 알아듣는구나. 형광등을 통해 빛과 열에너지가 발생하지만 정작 사용할 수 있는 에너지는 빛에너지뿐이지. 형광등뿐만 아니라 모든 에너지가 전환되는 과정에서 사용할 수 없으면서 소모되는 에너지들이 발생한단다. 그러니까 전기 에너지는 더 많이 필요하게 되는 거고."

"에너지는 사라지지 않지만, 흩어져 버려 사용할 수 없게 되는 거군요."

"그래. 그래서 에너지 효율이라는 개념이 나오는건데, 스티커를 보면서 좀 더 설명해 주마."

박사님은 자리에서 일어나서 소파에서 뛰어내려 아주 빠르게 걸었지요. 박사님을 놓칠세라 류도 빠르게 뒤를 쫓았어요.

"저기 냉장고에 붙어 있는 스티커가 보이니?"

력 박사님은 손을 뻗어 냉장고에 붙어 있는 노란색 스티커를 가리켰어요. 동그란 모양의 스티커에는 1부터 5까지의 숫자가 적혀 있었어요.

"에너지를 얼마나 효율적으로 소비하는지 알려 주는 스티커란다. 요즘 가전제품에는 이 에너지 소비 효율 등급 스티커가 붙어 있지. 1단계부터 5단계까지 에너지 전환 효율 등급을 표시하는 거야. 에너지를 전환하는 단계가 많으면 에너지 효율은 떨어진단다. 각 단계마다 필요로 하는 에너지가 아니라 다른 에너지가 발생하기 때문이지. 조금 전에 이야기했지? 에너지가 전환되면서 쓸 수 없는 에너지가 생긴다고. 최대한 전환 단계를 적게 하는 것이 에너지 효율을 높이는 방법이고, 에너지를 아끼는 방법이야. 이 스티커를 보면 에너지 효율이 좋은지 나쁜지를 알 수 있어. 1단계를 받은 가전제품은 5단계를 받은 가전제품보다 에너지 효율이 좋다는 뜻이고."

"이 스티커에 그런 뜻이 있는 줄 몰랐어요. 이걸 보고 에너지 효율이 높은 가전제품을 선택하면, 에너지를 절약할 수 있겠어요."

류는 에너지가 전환되면서 100% 사용하려는 에너지로 전환되는 게 아니라는 것을 처음 알게 되었어요. 그전에는 막연하게 에너지를 아껴야한다고 생각했지만, 어쩔 수 없이 버려지는 에너지가 있다는 사실을 알고 나니, 더 지혜롭게 에너지를 절약해야겠다는 생각이 들었어요.

에너지 효율 등급을 나타내는 스티커.

전류기자의 취재노트

에너지 보존법칙

자연계에서 어떠한 현상이 일어나도 에너지의 총량(總量)은 항상 일정하게 보존된다는 법칙이다. 자연계에는 수많은 종류의 물리적·화학적·생물학적인 변화와 반응이 끊임없이 일어나는데 각 과정에서 에너지의 총량은 변하지 않는다.
예를 들어 높은 곳에서 물체를 떨어뜨리면 그 낙하에 따라 물체의 위치 에너지는 작아지지만 속도는 커지므로 운동 에너지가 커진다.
에너지의 형태는 변하지만 에너지의 총량, 즉 위치 에너지와 운동 에너지의 합은 변하지 않으며 이것을 역학적 에너지 보존법칙이라 한다.

놀이동산에서 위치 에너지와 운동 에너지를 찾아 보아요.

에너지는 형태에 따라 운동 에너지와 위치 에너지로 분류하기도 하지요. 운동 에너지와 위치 에너지는 우리가 자주 가는 놀이동산에서도 찾아볼 수 있어요. 어디에 있는지 찾아볼까요?

롤러코스터

청룡열차라고 부르기도 하는 롤러코스터는 놀이공원하면 가장 먼저 떠오르는 놀이기구죠. 롤러코스터에서 위치 에너지와 운동 에너지의 변환 관계를 볼 수 있어요. 자연계의 가장 기본적인 물리법칙 중 하나가 바로 에너지 보존법칙이죠. 에너지의 형태는 변할 수 있지만 에너지의 총량은 일정하다는 법칙이지요. 롤러코스터가 높은 곳에 올라가면 위치 에너지는 최대가 되고, 운동 에너지는 최소가 되요. 대신, 낮은 곳에서 속도가 빨라지면서 위치 에너지는 최소가 되고 운동 에너지는 최대가 되지요.

끼갸아—ㄱ

e 위치 에너지 최대
e 운동 에너지 최소

예에~

e 운동 에너지 최대
e 위치 에너지 최소

바이킹

배가 가장 빨리 움직일 때는 언제일까요? 롤러코스터와 같은 원리랍니다. 바이킹 배가 가장 높은 곳에 올라갔을 때는 위치 에너지가 최고인 대신 운동 에너지가 최소가 돼요. 대신 배가 아래로 내려오다 정중앙을 지날 때는 위치 에너지가 최소인 대신 운동 에너지가 최대가 되지요. 그러니까 가장 속도가 빠를 때는 정중앙을 지날 때에요.

SCIENCE LAND

토론왕 되기!

태양 에너지의 흐름, 생태계에서 먹고 먹히는 자

모든 생물은 살아가기 위해 반드시 에너지가 필요하다. 식물은 태양 에너지를 통해 세포의 구성 성분이나 생명 활동에 필요한 유기물을 만든다. 그리고 동물은 먹이를 먹음으로써 에너지를 얻게 된다.

먹이는 생물의 몸을 구성하는 물질이 된다. 초식동물들은 태양 에너지를 먹고 자란 식물을, 육식동물은 식물을 먹고 자란 초식동물을 먹고 에너지를 얻는다. 그러므로 지구상의 근본 에너지원은 햇빛이라고 할 수 있다.

1. 식물과 태양 에너지

녹색식물은 태양 에너지를 이용하여 무기물을 유기물로 바꾸는데, 이를 광합성이라고 한다. 식물은 물과 이산화탄소, 그리고 태양 에너지를 이용해서 포도당을 만들어 그 힘으로 자라고, 이 과정에서 산소를 만들어 낸다.

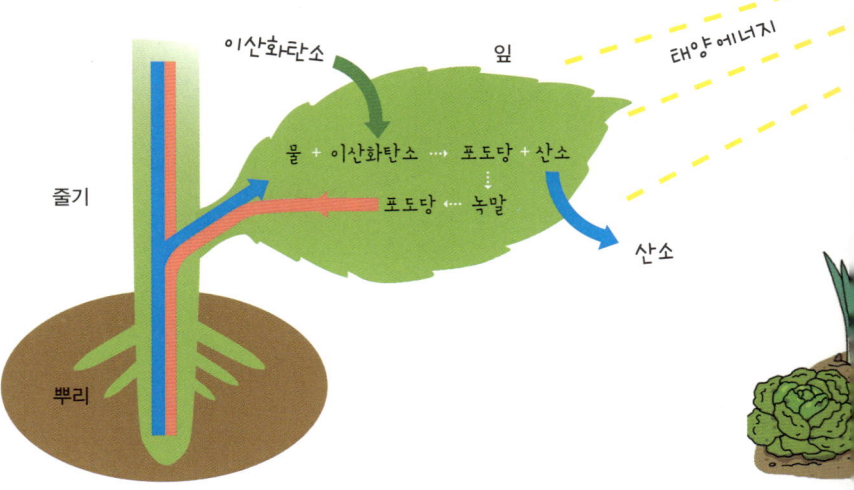

2. 에너지

모든 생물은 에너지가 필요하다. 이러한 에너지는 영양분을 분해해 얻는데, 이와 같은 작용을 호흡이라고 하며, 모든 동물에서 일어난다. 호흡은 광합성과 반대로 산소를 들이마시고 이산화탄소를 내보낸다.

이렇게 호흡을 통해서 에너지가 만들어지게 되는데 그 에너지는 생물체 안에서 생명 유지와 활동을 위해 필요한 곳에 이용된다.

빈칸에 알맞은 말을 넣어 봅시다.

To. 별이에게

" 1 가 사람에게 쓰일 때는 '사람이 움직이는 데 근원이 되는 힘'을 뜻하고, 물체에 쓰일 때는 '물체가 움직일 수 있는 능력'을 뜻한단다."

" 2 는 자동차가 널리 보급되면서 인간들이 가장 많이 찾는 에너지 자원이 되었단다. 또 현재 인간 세계에서 가장 중요한 에너지 자원이기도 하고."

"모든 에너지가 전환되는 과정에서 3 가 발생한단다. 그러니까 전기 에너지는 더 많이 필요하게 되는 거고. 결국 에너지를 아껴 써야 한다는 거지."

From.  박사가

【낱말】 ❶ 에너지 ❷ 석유 ❸ 사용할 수 없는 에너지

2장

전기를 만드는 그 이름 바로
석유와 석탄

석유와 석탄은 화석 에너지

"택배가 왔네. 밥 먹으러 간 사이에 놓고 갔나 봐."

밖에서 점심을 먹고 집으로 돌아오는 별이 아빠 목소리가 들렸어요. 이 소리에 놀란 류와 력 박사님은 냉장고 옆 작은 틈으로 재빠르게 숨었어요.

"어머! 에너지관리공단에서 보낸 택배에요! 호호호, 내가 홍보대사로 선정된 모양이에요."

집에 들어오자마자 별이 엄마는 호들갑스럽게 상자를 뜯기 시작했어요.

"홍보대사? 당신이 무슨 홍보대사가 된 거예요?"

"에너지 절약 홍보대사요. 얼마 전에 인터넷 사이트에서 모집했거든요. 블로그나 SNS에 글을 올려서 에너지 절약 방법을 알려 주거나 에너지를 절약한 경험을 쓰는 거예요. 내 블로그가 방문자 수가 많잖아요. 그래서 뽑힌 것 같아요. 그동안 에너지를 절약하면서 살았다고는 할 수 없지만……. 뭐, 이제부터 하면 되는 거 아니겠어요? 내가 쓴 글에 댓글도 많이 달리고 좋은 에너지 절약 방법으로 뽑히면 선물도 준대요! 그런데 에너지 절약 방법이라……. 전기를 절약하면 되는 건가?"

"아무래도 그렇겠지? 우리가 가장 많이 사용하는 에너지가 바로 전기잖아. 앞으로 당신이 어떻게 전기를 절약할지 궁금한 걸? 허허."

엄마와 아빠가 이야기를 나누는 사이 별이는 택배 상자 속 물건들을 꺼내기 시작했어요.

"엥? 이게 뭐야?"

별이는 상자에서 물건들을 꺼내면서 테이프처럼 말린 얇고 까만 솜을 보며 고개를 갸웃거렸어요.

"창문틀에 붙이는 테이프야. 그걸 창틀에 붙이면 겨울에 창문 사이로 들어오는 찬바람을 막아서 보일러를 조금만 틀어도 따뜻하대. 가스비도 아끼고, 에너지도 절약하는 방법이라는데?"

엄마는 설명서를 보면서 별이에게 설명해 주었어요.

"이건 홍보용 CD인 것 같은데, 한번 볼까?"

CD가 재생되자 화면에는 도로를 가득 채운 자동차들이 나타났어요.

자가용, 버스, 트럭 등 다양한 자동차들이 줄지어 서 있었지요. 자동차 경적소리도 들렸어요. 잠시후 성우의 설명이 흘러나왔지요.

"도로를 가득 메우고 있는 이 자동차들은 대부분 석유를 연료로 이용합니다. 석유는 자동차뿐만 아니라 집을 따뜻하게 하는 난방 연료, 비행기, 배 등의 연료로 사용되고 있습니다. 이처럼 석탄과 석유 같은 연료로 만드는 에너지를 화석 에너지라고 부릅니다. 그런데, 지금 우리는 화석 에너지를 너무 낭비하고 있지는 않습니까?"

력 박사님과 류는 빨려 들어가듯 화면에 집중하기 시작했지요. 하지만 별이네 가족은 지루했는지 어느새 각자의 방에서 낮잠을 자고 있었어요. 거실 텔레비전과 에어컨, 선풍기는 그대로 켜놓은 채 말이에요. 력 박사님은 안 되겠다는 듯 팔짱을 끼고 고개를 저으며 한숨을 쉬었어요. 그리고 다시 화면에 집중하기 시작했지요.

"옛날에는 나무를 연료로 사용했습니다. 주변에서 쉽게 구할 수 있었기 때문입니다. 그 때문에 나무가 무차별적으로 잘려 나갔고, 사람들은 새로운 연료를 찾기 시작했습니다. 그래서 탄생한 것이 화석 연료인 석탄과 석유입니다. 아주 먼 옛날 여러 종류의 생물들이 죽어서 땅속에 묻히면 오랜 세월동안 열과 압력을 받으면서 조금씩 성질이 변하게 됩니다. 그렇게 만들어진 것이 석탄이나 석유지요."

석탄과 석유가 생기는 과정을 처음 알게 된 류는 취재 수첩에 남자의

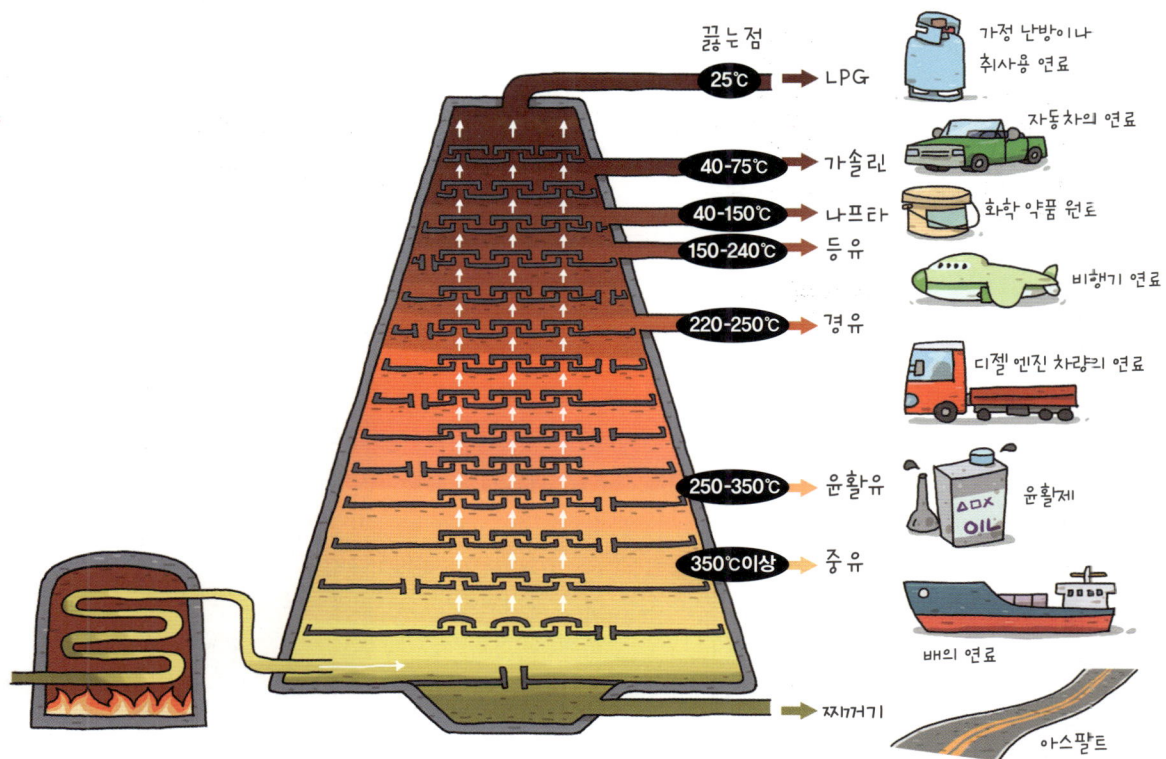

말을 받아 적느라 정신이 없었어요.

"많은 양의 석탄이 발견되면서 산업혁명이 일어났습니다. 석탄을 연료로 하는 증기기관차가 생기기도 하고, 다양한 기계들이 발명되지요. 사회가 발전하고 사람들의 생활은 점점 편리해졌습니다. 이후 현재까지 주로 사용하는 연료가 바로 석유입니다."

화면에는 유전을 조사하고 석유를 시추 지하자원을 탐사하기 위하여 땅속 깊이 구멍을 파는 일 하는 장면이 나왔지요.

홍보영상은 계속되었지만 별이네 가족은 볼 생각이 없는 듯했어요. 력 박사님과 류는 조용히 일어나 전기나라로 발길을 돌렸어요.

석유가 만들어지기까지

석유의 생성원인은 아직 정확하게 밝혀지지 않았으며 몇 가지 가설로 나눌 수 있는데 대표적으로 유기설과 무기설이 있다. 유기설은 지질시대에 살았던 동물이나 식물 등 각종 유기물들이 퇴적된 후 높은 압력과 온도를 받아 분해되며 원유의 주성분인 탄화수소로 변했다는 이론이다. 이 과정에서 다른 퇴적물의 촉매작용이나 특수 박테리아 등이 작용했다고 본다. 무기설은 땅속 깊은 곳에서 물과 이산화탄소 및 다른 무기 물질들 간에 화학반응이 일어나서 탄화수소가 발생했다는 이론이다. 이 중 가장 지지를 받고 있는 설은 유기설이지만 지질학적으로 볼 때 유기설로는 도저히 설명되지 않고 무기설로만 설명될 수 있는 곳들도 있어 정확한 생성 원인은 아직 연구 중이다.

화석 에너지가 왜 나빠?

조용히 걷던 류는 갑자기 생각났다는 듯 박사님에게 물었어요.

"박사님, 전기를 만들 수 있는 자원인 석유나 석탄의 양이 정해져 있기 때문에 전기를 아껴 써야 하는 거예요?"

"그것 때문만은 아니야."

력 박사님이 고개를 저으면서 답했지요.

"아주 옛날에는 인간의 수가 이렇게 많지 않았단다. 그래서 그들이 사용하는 에너지도 적었어. 하지만 인간들은 점점 더 많아졌고, 사용하는 에너지도 많아졌지. 문제는 에너지 소비량의 증가속도가 너무 빠르다는 거야."

"왜요? 왜 에너지 소비량이 점점 더 많아지는 거예요?"

류가 궁금함이 가득한 표정으로 물었어요.

"인간들의 생활이 과거와 달라졌거든. 아까 원시시대의 인간들은 불을 이용한 빛에너지와 열에너지, 그리고 태양 에너지를 이용했다고 말했지? 하지만 지금은 상황이 달라졌어. 우리가 배달하는 전기를 생각해 보렴. 과학기술이 발달하면서 인간들이 사용하는 대부분의 물건들은 전기가 있어야만 이용할 수 있어. 별이네 집만 해도 모든 가전제품들이 전기로 움직이지 않니? 그런데 전기를 공급하기 위해서는 많은 에너지 자원이 필요하지. 문제는 가장 많이 사용하는 에너지 자원이 바로 석탄이나 석유라는 점이야."

"정말이에요. 가전제품이 열 개도 넘게 있는데 전부 콘센트에 연결돼 있어요. 그런데 박사님, 석탄이나 석유 같은 화석 연료를 쓰는 게 왜 문제에요? 다 쓰면 새로운 에너지 자원을 개발하면 되잖아요. 인간들이 석탄과 석유 같은 에너지 자원을 개발한 것처럼요."

별이네 집 안을 둘러보던 류가 박사님을 보며 물었지요.

"화석 연료의 양이 한정 수량이나 범위 따위를 제한되어 정해짐 되어 있는 것도

문제지만 더 중요한 건, 화석 연료를 태워서 이용한다는 거지. 화력 발전소는 화석 연료가 탈 때 발생하는 에너지를 전기로 만든단다. 이때 발생되는 에너지를 화석 에너지라고 하지."

"석유나 석탄을 태워요?"

"그래. 그 화석 에너지의 힘으로 인간들은 풍족하고 편리한 삶을 누릴 수 있는 거란다. 문제는 그렇게 사용된 화석 에너지는 다시 사용할 수 없다는 거야. 그래서 계속 파내야 한단다. 그러다 석유가 고갈되면 인간세상은 과연 어떻게 될까? 상상만해도 끔찍한 일이지. 게다가 화석 에너지는 날씨와 기후를 바꿀 정도로 심각한 환경오염을 일으키고 있어."

"그게 그렇게 심각한 문제에요?"

"그렇고말고. 바깥세상 인간들이 사는 지구는 낮 동안 태양열을 받고 밤에는 그 열을 모두 우주로 내보내면서 몇 억 년 동안 일정한 온도를 유지해 왔어. 그런데 근래 몇 백 년 사이에 계속 기온이 오르고 있지."

"왜 갑자기 온도가 올라요? 그게 화석 연료랑 상관있어요?"

"화석 연료는 태워서 에너지를 발생시킨다고 했잖니. 태우는 과정에서 이산화탄소가 발생하거든. 공기 중에 이산화탄소가 많아지면 태양열이 우주로 빠져나가지 못하고, 지구는 뜨거워지게 돼. 화석 연료를 많이 사용할수록 지구는 점점 뜨거워지는 거야. 이걸 지구 온난화 현상이라고 한단다."

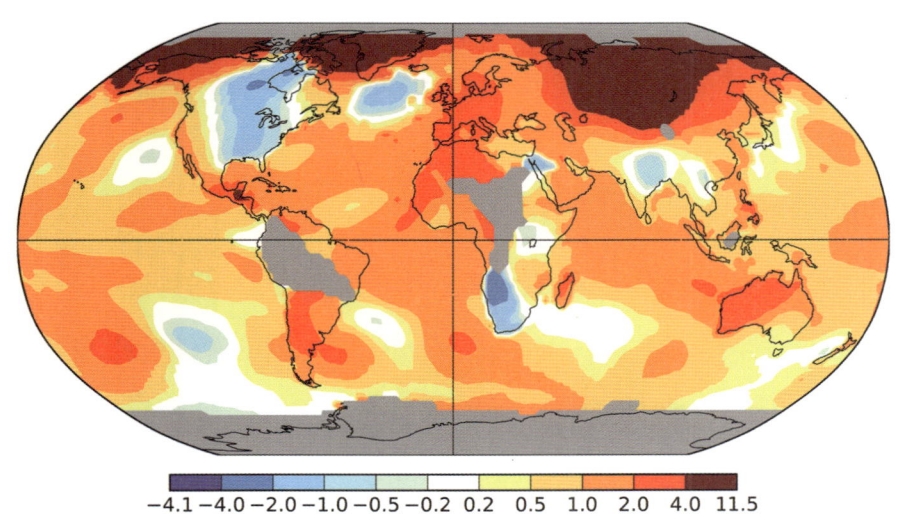

산업화 이후 지역별 지구 표면 온도 변화. 빨간색이 짙을수록 온난화가 심해진 지역이다.
자료: 미국항공우주국(NASA), 2020년 4월

"지구의 온도가 올라가면 어떻게 되는데요?"

"북극의 얼음이 녹아 북극곰이 작은 얼음 조각에 서 있는 모습이 담긴 사진을 본 적이 있는지 모르겠구나. 지구가 뜨거워지고 태양열이 계속 지구에 남아 있게 되면 남극과 북극의 얼음이 녹으면서 바닷물의 높이가 올라간단다. 앞으로 육지가 전부 바닷물에 잠기는 일이 벌어질지도 몰라."

력 박사님은 심각하게 말했어요. 류도 봄에 눈이 내리는 등 기상이변이 생겼다는 인간세상 이야기를 떠올리며 고개를 끄덕였어요.

"화석 에너지를 이용하는 과정에서 발생하는 이산화탄소가 지구에서 머물면서 기온이 올라갔고, 환경에 해를 입힌다는 거죠? 환경이 파괴되면서 인간들의 생명을 위협할 정도로 심각한 일이 벌어지고 있고요. 이산화탄소 하나가 이렇게 심각한 문제가 되는지 몰랐어요."

"무엇이든 과한 게 문제란다. 화석 에너지를 과하게 낭비해서 이런 일이 벌어진 거지. 네 말대로 새로운 에너지를 개발하면 좋겠지만 그것도 쉽지가 않아요."

심각한 표정으로 대답하는 력 박사님과 덩달아 심각해진 류는 전기를 흥청망청 쓰고 있는 별이네 집을 둘러보며 고개를 가로저었습니다.

경고! 에너지 낭비

그때였어요.

"우웨에에에에엥!"

주방에서 요란한 소리가 들려왔지요. 전기나라로 돌아가던 류와 력 박사님은 깜짝 놀라 주방을 살펴보았어요.

"별이네 엄마가 믹서기를 사용하고 있구나."

력 박사님이 고개를 저으면서 말했지요.

"박사님! 한 번에 사용하는 전력량이 너무 많아요."

류가 놀라서 눈을 동그랗게 뜨고 외쳤지요. 24시간 돌아가는 냉장고와 김치냉장고, 정수기, 식기세척기, 가스레인지, 오븐, 믹서기, 에스

프레소 머신 같은 기기들이 동시에 사용되고 있었지요.

"저녁때는 특별한 음식을 만들어야지. 별이 간식도 만들고!"

별이 엄마는 즐거워 보였어요. 같이 재료를 손질하던 아빠도 덩달아 신이 나 보였지요.

"전기를 너무 낭비하는군. 이래선 곤란해."

력 박사님이 인상을 찌푸리며 이번에는 별이 방으로 향했어요. 류도 박사님을 놓치지 않으려고 서둘러 따라갔어요.

밖은 훤했지만 별이 방에는 형광등이 켜져 있었어요. 별이는 컴퓨터로 만화영화 동영상을 보고 있었어요. 주말에는 만화영화를 봐도 된다는 엄마의 허락이 있었거든요. 콘센트에는 컴퓨터, 프린터, 스캐너, 외장메모리, 공유기 등 지금 당장은 쓰지 않는 기기들의 플러그가 모두 꽂혀 있었어요. 수십 개의 전선에 전력을 공급하기 위해 열심히 일하고 있을 전기병사들을 생각하니 류는 가슴이 턱턱 막히는 것 같았어요.

그것뿐만이 아니었어요. 초록색 불이 켜진 휴대폰 배터리 충전기는 아까부터 계속 콘센트에 꽂혀 있었고, 에어컨은 쉼 없이 돌아가고 있었지요. 별이는 더운지 에어컨 온도를 더 낮췄어요. 류와 력 박사님은 별이의 방에서 낭비되고 있는 전기를 보고는 놀라서 입을 다물지 못했어요.

류와 력 박사님은 별이 방에서 터덜터덜 걸어 나왔어요. 별이 아빠와 엄마는 여전히 주방에서 바쁘게 움직이고 있었지요. 텅 빈 거실에는 여전히 텔레비전이 켜져 있고, 선풍기도 계속 돌고 있었어요. 그 모습을 멍하니 보던 박사님은 어떤 결심을 한 듯 두 주먹을 불끈 쥐었지요.

"안 되겠어. 도저히 용서할 수 없어. 전기가 얼마나 힘들게 얻는 것인지 깨닫게 해 줘야겠어!"

력 박사님이 코뿔소처럼 거친 숨을 몰아쉬내며 소리쳤어요.

"맞아요! 꼭 알게 해야 해요!"

류도 주먹을 불끈 쥐며 고개를 끄덕였지요.

"별아, 간식 먹자. 엄마랑 아빠가 맛있는 생과일 쥬스를 만들었어."

별이 엄마가 소리쳤지만 만화영화에 빠진 별이는 아무 대답도 없었지요. 력 박사님은 좋은 생각이 떠올랐는지 재빠르게 식탁 위로 뛰어 올라갔어요.

"별아!"

별이 아빠는 딸기주스 세 잔을 식탁에 놓으며 다시 별이를 불렀지요.

그 모습을 지켜보던 력 박사님이 주섬주섬 주머니를 뒤져서 알약을 꺼냈어요. 그러고는 아무도 눈치 못 채게 쏜살같이 별이 엄마 아빠 앞에 놓인 딸기주스 잔에 알약을 퐁당 빠트렸어요. 알약은 순식간에 사르륵 녹아 감쪽같이 사라졌어요.

력 박사님이 별이 딸기주스에 알약을 넣으려는 순간, 별이가 주방으로 나왔어요. 하는 수 없이 별이 주스에 알약 넣는 것은 포기하고 류와 력 박사님은 거실로 나왔어요.

별이는 딸기 주스를 한번에 다 마셔 버리고는 방으로 돌아가 만화영화에 빠져들었어요. 별이 엄마와 아빠는 별이에게 조금만 보라고 이야기하고는 주방에서 딸기 주스를 마시며 저녁 메뉴를 고민하고 있었지요.

"으아아아악!"

"꺄아아아악!"

딸기주스를 다 마신 별이 아빠와 엄마가 력 박사님처럼 작아졌어요.

새끼손톱만큼 작아진 아빠와 엄마는 바닥에 떨어진 까만 콩 같았어요. 큰 소리로 비명을 질렀지만, 별이에게는 들리지 않았지요.

이 믿을 수 없는 상황에 별이 아빠와 엄마가 혼란스러워 하는 동안, 력 박사님은 별이에게 메모를 남겨 놓았어요. 류가 종이를 잡고, 박사님은 펜에 매달려 글씨를 쓴 거예요.

별아, 너희 아빠와 엄마는 우리와 함께 휴가를 간다. 네가 에너지 절약 방법 5가지를 찾으면 아빠와 엄마가 집으로 돌아오실 게다. 아빠와 엄마를 빨리 보고 싶거든 에너지 절약 방법 5가지를 서둘러 찾아내거라.
– 전기나라의 력 박사님과 전기일보 취재기자 전류!

력 박사님과 류는 별이 아빠와 엄마에게 다가가 팔짱을 끼고는 콘센트 구멍을 타고 전기나라로 들어왔어요. 전기나라 병사들은 여전히 열심히 일을 하고 있었지요.

"하나, 둘! 하나, 둘!"

아빠와 엄마는 너무 놀라서 그 자리에 주저앉았어요.

"당신들은 누구야! 여기는 또 어디고! 우리한테 무슨 짓을 한 거야!"

아빠는 놀란 마음에 버럭 화를 냈어요.

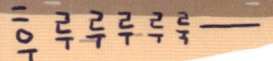

전기를 만드는 그 이름 바로 석유와 석탄

"나는 전기나라에 살고 있는 전력 박사라고 하네. 이 친구는 전기일보 기자 전류!"

력 박사님은 당황해 하는 아빠와 엄마에게 자신과 류를 소개했어요.

"많이 놀라셨죠. 저는 전류라고 합니다."

류는 갑자기 데려온 것이 미안하기도 했지만, 전기를 생각 없이 낭비한 별이 아빠와 엄마가 얄미워서 새침하게 말했지요.

"박사님, 저는 잠깐 별이네 집에 갔다 와야겠어요."

류는 력 박사님에게 귓속말을 하더니 재빠르게 콘센트 구멍으로 빠져나갔어요.

력 박사님은 계속 별이네 아빠와 엄마를 쳐다보았지요.

"여기가 어디라고요? 전기나라요?"

별이 아빠는 력 박사님을 경계하면서 되물었어요.

"그래. 이곳은 인간들이 쓰는 전기를 공급해 주는 곳이지. 인간들이 쓰는 전기를 공급하기 위해 수천만 아니 그보다 더 많은 전기병사들이 열심히 일하고 있어. 그런데 자네들은 너무 생각 없이 전기를 낭비하더군. 그래서 내가 자네들을 전기나라로 초대한 거지."

력 박사님이 하얀 머리카락을 쓸어 올리면서 말했어요.

"초대요? 이게 무슨 초대입니까? 납치죠, 납치! 우리가 갑자기 없어졌는데 우리 별이는 어떻게 합니까! 전기를 아껴 쓰라고 알려주면 되지 왜 우리를 여기까지 데리고 온 겁니까! 이렇게 작아지다니! 이게 말이 되요? 그리고 우리만 전기를 절약한다고 되는 게 아니잖아요! 우리가 아껴 써 봐야 얼마나 절약이 되겠냐고요!"

별이 아빠는 침을 마구 튀기며 흥분해서 말했지요.

"일방적으로 초대한 건 미안하네. 별이 걱정은 말게. 별이에게는 부모님이 휴가를 갔다고 알려줬어. 별이가 에너지 절약 방법 5가지를 찾으면, 자네들은 무사히 집으로 돌아가게 될 거고, 집에 도착하는 순간 몸도 원래대로 커질 테니 걱정 말게."

력 박사님이 타이르듯이 말했어요. 별이 엄마와 아빠는 집으로 돌아갈 수 있다는 말에 조금 안심하는 것 같았지만 여전히 불안해 보였지요.

"전기가 늘 공급된다고 해서 흥청망청 사용하면 안 되네. 아까 정전이 됐던 거 기억하지? 한꺼번에 많은 전기를 사용해서 전기병사들이 쓰러지는 사고가 발생했고 그래서 정전이 된거야. 영원히 그 상태로 살기 싫다면 이 기회에 에너지에 대해 제대로 공부를 해야 해. 별이 엄마는 에너지 절약 홍보 대사가 되었다면서! 에너지 절약 동영상도 보지 않고 말이야!"

력 박사님의 말에 아빠와 엄마는 주변을 둘러보았어요. 끝도 없이 늘어선 전기병사들은 제각각 자신의 위치에서 열심히 일하고 있었어요. 아빠와 엄마는 수없이 많은 전기병사들을 보고 놀란 토끼 눈이 되었지요. 전기를 공급하려고 많은 병사들이 고생하는 모습을 보니 미안한 마음이 들었어요. 무안해진 별이네 엄마와 아빠의 얼굴이 붉게 달아올랐어요.

"헉헉, 력 박사님! 다녀왔습니다."

류가 땀을 닦으며 별이 아빠와 엄마, 력 박사님의 곁으로 다가왔어요. 류와 력 박사님이 서로 눈빛을 교환하며 무엇인가 신호를 주고받는 것 같았지요. 둘만 아는 비밀 말이에요.

"엄마! 아빠!"

만화영화를 다 본 별이는 거실로 나왔어요. 저녁때가 되어 배가 고팠거든요. 만화영화를 끝까지 보는 동안 엄마가 잔소리를 하지 않는 게 이상하다고 생각했어요. 집 안을 돌아다니며 찾아 보아도 엄마, 아빠의 모습이 보이지 않았어요. 힘 없이 부엌에 들어서는데 식탁에 놓여 있는 쪽지가 눈에 띄었어요. 력 박사님이 남겨 놓은 것이었지요.

"아빠랑 엄마가 나만 빼놓고 휴가를 떠났다고?"

별이는 심각한 목소리로 중얼거렸어요.

"우아! 자유다!"

별이는 큰 목소리로 소리쳤어요. 무얼 해도 잔소리할 사람이 없다고 생각하니 이게 자유구나 싶었지요. 별이는 자리에서 폴짝폴짝 뛰었어요. 별이의 치마도 별이의 마음처럼 나폴나폴 춤을 추었어요.

전기 잡아먹는 흡혈귀, 대기 전력

전기제품의 전원이 꺼져 있더라도 콘센트가 꽂혀 있으면 소모되는 전기 에너지를 말한다. 전기를 잡아먹는다는 뜻으로 전기흡혈귀(power vampire)라고도 한다. 전기제품의 플러그를 뽑거나 멀티탭(multitap)을 사용하면 대기전력을 줄일 수 있다. 멀티탭의 스위치를 끄면 플러그를 뽑는 것과 같은 효과를 얻을 수 있기 때문이다.

토론왕 되기!

가정용 전기료에 적용하는 누진제는 적당한 걸까?

누진제는 물건을 많이 살수록 값이 비싸지는 제도이다. 이것이 전기 사용에 적용되면 전기를 많이 쓰면 쓸수록 전기료가 가격이 비싸지게 된다. 현재 우리나라는 가정용 전기에 누진제를 적용하고 있으며, 공장이나 상점에서 사용하는 전기에는 적용되지 않고 있다.

누진제는 부자인 사람이 가전제품이 많고, 전기를 더 많이 사용할 것이라는 전제에서 시작되었다. 전기를 적게 사용하는 서민은 낮은 요금을 내고, 전기를 많이 사용하는 고소득층은 높은 요금을 내도록 한 것이다. 하지만 요즘은 대부분의 집에서 가전제품을 많이 사용하고 그만큼 전기를 많이 쓴다. 그리고 소득과 상관없이 가족이 많을수록 전기를 많이 사용할 수밖에 없다. 따라서 저소득 가정이라도 가족이 많으면 전기를 많이 쓰게 되고 전기요금을 더 낼 수밖에 없다. 이 때문에 주택용 전기 요금 누진제도를 개정해야 한다는 목소리가 높다.

누진제는 사용량에 따라 기본요금과 전력요금 모두에 적용된다. 각각 3단계로 나눠 요금을 부과한다. 우리나라 국민 1인당 연간 전기소비량은 OECD국가 평균보다 약 30% 높다고 한다. 하지만 주거부문 1인당 소비량만 떼어 놓고 보면 다른 OECD국가보다 낮아 미국, 일본, 프랑스 등의 절반 정도 수준이다(2016년 기준). 그러니까 우리나라의 전기 소비량이 평균보다 높은 것은 일반 가정용이 아니라 산업용으로 쓰이는 전기 때문이다. 하지만 정작 전기 누진제는 산업용에는 적용되지 않고 주택용에만 적용되고 있어 논란이 일고 있다. 따라서 전기를 절약하기 위해서는 산업계의 절전을 유도하고 누진제를 적용해야 한다는 여론과 산업 발전을 위해 전기세를 현행대로 유지해야한다는 여론이 팽팽히 맞서고 있다.

주택용 전기 누진제 어떻게 돼 있나
자료 : 한국전력공사(2020년 기준)

주택용 저압(일반, 단독 주택 등)

단계	기준	기본요금	1kWh당 요금
1구간	1~200kWh 이하	910원	93.3원
2구간	201~400kWh 이하	1,600원	187.9원
3구간	400kWh 초과	7,300원	280.6원

주택용 고압(대단지 아파트 등)

단계	기준	기본요금	1kWh당 요금
1구간	1~200kWh 이하	730원	78.3원
2구간	201~400kWh 이하	1,260원	147.3원
3구간	400kWh 초과	6,060원	215.6원

다음 설명 중 틀린 것을 찾고 맞게 고쳐 보아요.

❶ 많은 양의 석탄이 발견되면서 산업혁명이 일어났습니다. 석탄을 연료로 하는 증기기관차가 생기기도 하고, 다양한 기계들이 발명되지요. 사회가 발전하고 사람들의 생활은 점점 편리하게 변하게 되었습니다. 이후 현재까지 주로 사용하는 연료는 석유입니다.

❷ 전기를 공급하기 위해서는 많은 에너지 자원이 필요하지. 그런데 문제는 가장 많이 사용하는 에너지 자원이 바로 태양 에너지라는 점이야.

❸ 화석 연료는 태워서 에너지를 발생시킨다고 했잖니. 태우는 과정에서 이산화탄소가 발생하거든. 공기 중에 이산화탄소가 많아지면 태양열이 우주로 빠져나가고, 지구는 차가워지게 돼. 화석 연료를 너무 많이 사용하면서 지구는 점점 차가워지는 거야.

❹ 화석 에너지의 힘으로 인간들은 풍족하고 편리한 삶을 누리는 거지. 그렇게 사용된 화석 에너지는 다시 사용할 수 없어. 그래서 계속 파내야 하는 거지. 그리고 화석 에너지는 날씨와 기후를 바꿀 정도로 심각한 환경오염을 일으키고 있어.

정답
❷ 가장 많이 사용하는 에너지 자원은 석유이니 사용이
❸ 공기 중에 이산화탄소가 많아지면 태양열이 우주로
빠져나가지 못하고 지구는 점점 뜨거워지게 된다.

3장
원자가 만드는 에너지

원자를 소개합니다

"전기나라라니……. 이렇게 많은 전기병사들이 열심히 일하는 덕에 우리가 전기를 쓸 수 있다는 생각은 못했어요!"

별이 아빠가 전기나라를 둘러보면서 감탄했어요.

"지금 전기나라에 감탄할 때에요? 아무리 우리가 휴가를 갔다고 메모를 남겼어도 별이 혼자 집에서 얼마나 무섭겠어요. 초등학생 딸아이를 혼자 두고 아빠 엄마만 휴가를 간다는 게 말이 되요? 게다가 별이 혼자 에너지 절약 방법 5가지를 어떻게 찾냐고요!"

별이 엄마가 화를 냈지요.

"글쎄요……. 별이 생각은 조금 다른 것 같던데요. 그리고 별이 혼자 찾는 건 아니에요. 제가 도와줄 거거든요!"

류가 별이 엄마에게 걱정하지 말라는 듯 씨익 웃으면서 말했어요.

"그래, 우리 별이를 믿어 보자고. 지금으로선 별다른 방법도 없잖아. 또 우리 별이가 마음만 먹으면 뭐든 잘해요! 암!"

별이 아빠가 호탕하게 웃으며 말했어요. 별이 엄마는 여전히 걱정이 되는 듯 별이 아빠를 살짝 흘겨보았어요.

"박사님, 그런데 전기나라에 공급되는 전기들은 모두 어디에서 오는 건가요?"

전기나라에 빨리 적응한 별이 아빠가 궁금하다는 듯 물었어요.

"화력 발전소에서 석유나 석탄을 태워 만든 전기가 오기도 하고, 자연현상을 이용해 만든 전기가 오기도 하지. 원자력 발전소에서도 오고 있고. 사람들이 쓰는 전기를 100이라고 본다면, 그중 40은 원자력 에너지의 도움으로 만들어진다고 보면 된다네."

"원자력 에너지요?"

류는 새로운 이야기라는 듯, 눈을 동그랗게 뜨고 취재수첩을 펼쳤어요. 박사님의 이야기를 빠뜨리지 않으려고 귀를 쫑긋 세웠어요.

"저희도 뉴스나 다큐멘터리 프로그램을 통해서 원자력 에너지를 사용한다는 건 알고 있어요. 하지만 원자력 에너지가 실제로 어떻게 만들어지고, 이용되는지는 잘 모르겠어요."

별이 엄마도 어느새 대화에 동참했어요.

원자력발전소의 모습.

"흐음, 원자력 에너지라…… 좋아, 기왕 손님들을 초대했으니 제대로 알려 줘서 보내야겠지. 원자력 에너지를 알려면 먼저 원자에 대해 알아야 하는데. 어때? 들어보겠소?"

"네, 궁금해요, 알고 싶어요!"

"네, 박사님. 이야기해 주세요."

"그러죠, 뭐……. 여기서 달리 할 일도 없는 걸요."

눈을 반짝이는 류와 전기나라에 큰 관심을 갖게 된 별이 아빠, 어쩔 수 없다고 생각하는 별이 엄마는 전력 박사님이 들려주는 이야기를 듣기로 했어요.

"원자는 어떤 물질을 만드는 가장 작은 알갱이라고 할 수 있지. 어떤 원자는 모여서 산소가 되기도 하고, 어떤 것은 철이 되기도 해. 우리가 사용하는 수첩이나 연필, 책, 나무, 돌 모두 원자로 이루어져 있지. 서로 다른 성질의 원자들이 어우러져서 세상의 모든 물질을 만들어 내는 거지."

"학교 다닐 때 배운 기록이 새록새록하네요. 원자는 세상의 모든 물질들을 이루고 있는 가장 작은 알갱이라는 거잖아요. 그 알갱이는 우리 눈에 보이지 않는다는 말씀이시죠?"

별이 아빠가 눈을 반짝이며 물었어요.

"그렇네. 원자는 매우 작기 때문에 인간의 눈으로 볼 수 없고 특별한 현미경으로만 볼 수 있지. 인간세계의 과학자들은 원자에 대해 연구하다가 이 원자에게 엄청난 힘이 있다는 사실을 알게 됐어. 그리고 그 힘으로 에너지를 만들 수 없을까 생각하게 된 거고."

"그래서 만들게 된 것이 원자력 에너지이고, 그걸 만드는 곳이 원자력 발전소군요?"

별이 엄마가 이제 알겠다는 듯 검지 손가락을 들면서 말했지요.

"그렇지!"

력 박사님도 기분이 좋은 듯 검지 손가락을 들면서 답했어요.

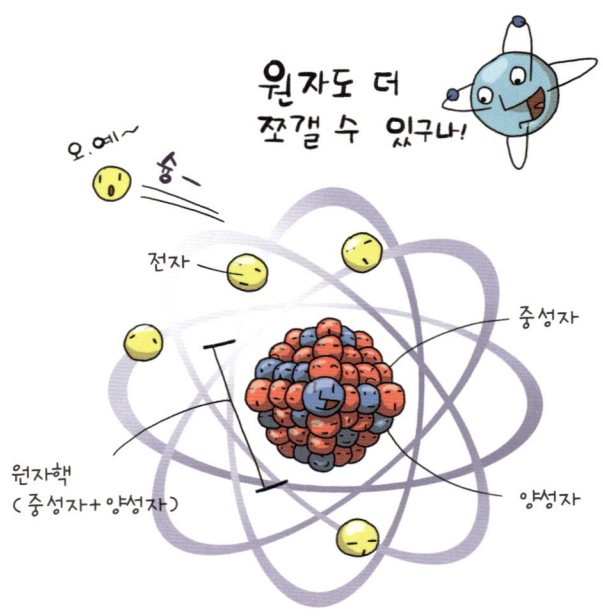

"그런데 그 작은 원자로 어떻게 에너지를 만드는 거예요? 눈에 보이지도 않게 엄청나게 작다면서요……."

류가 궁금하다는 듯 눈을 동그랗게 떴지요.

"그래, 원자는 아주 작지만, 그 안에 원자핵이라는 것이 있어. 그리고 원자핵 주위를 전자가 뱅글뱅글 돌고 있지. 원자보다 더 작은 원자핵은 양성자와 중성자라는 입자들이 뭉쳐 있는 덩어리야. 양성자는 양의 전하 물체가 띄고 있는 정전기의 양를 가진 물질이고, 중성자는 전기가 흐르지 않는 물질이지. 이렇게 원자핵은 양성자와 중성자, 그리고 전자로 구성되어 있어."

"와, 그 조그만 원자 안에 원자핵이 있고, 원자핵 주위를 전자가 돌고 있는 데다가 원자핵 안에 양성자, 중성자까지 있다고요? 눈에도 안 토이는 작은 녀석이 많이도 갖고 있네요. 으하핫."

아빠가 웃으면서 말했어요.

"그렇지. 이 원자들은 각각 갖고 있는 양성자와 중성자의 개수가 모두 달라. 인간 과학자들은 양성자 개수에 따라 원자를 구분하고 원자번호라는 것을 붙였지. 원자번호 1번인 수소는 양성자가 1개이고, 원자번호 92번인 우라늄은 양성자가 92개라서 그만큼 무겁지."

"양성자 숫자로 순서를 정한 거군요!"

별이 엄마의 말에 력 박사님이 말을 이었어요.

"현재 가장 무거운 원소는 118번 오가네손이지만 자연에서 발견되는 천연 원소 중 가장 무거운 것은 우라늄이란다."

"원자가 92개나 있다니, 신기해요."

류가 취재수첩에 빠르게 받아 적으면서 중얼거렸어요.

"우라늄을 연구하던 과학자들은 중성자가 원자핵에 부딪히면, 원자핵이 그 충격으로 둘로 쪼개진다는 사실을 알아냈어. 이렇게 원자핵이 쪼개지는 현상을 핵분열이라고 한단다. 핵분열이 일어나면 원자는 두 개, 네 개, 열여섯 개로 계속 늘어나게 돼. 이 현상을 핵분열 연쇄반응이라고 하지. 이 과정에서 엄청난 에너지가 생기게 되는데, 이때 발생하는 에너지를 원자력 에너지라고 하는 거지."

"간단한 원리군요."

류가 호기심이 가득한 표정으로 말했지요.

"간단하지만 놀라운 발견이지. 방금 원자핵은 쪼개진다고 했지? 반대로 결합하기도 한단다. 결합하는 현상은 핵융합이라고 하지. 핵융합을 할 때에도 핵분열을 할 때처럼 아주 많은 에너지가 발생하고."

"그럼 우라늄 원자핵을 분열시키거나 융합시키는 방법으로 에너지를 얻을 수 있는 거네요? 쉽고 좋은 방법인데요?"

력 박사님의 설명에 고개를 끄덕이던 엄마가 말했지요. 엄마의 말에 천천히 고개를 저으며 력 박사님이 답했어요.

"음……. 그렇게 간단한 문제는 아니지. 여기에서 이럴 것이 아니라, 직접 원자력 발전소에 가 보자고. 92-92번 전선이던가? 원자력 발전소로 가는 전선 말이야."

"네! 맞아요. 어서 가요!"

류와 력 박사님이 앞장섰어요. 별이 엄마와 아빠도 그 뒤를 따랐지요.

별이는 아빠와 엄마가 없는 집에서 뭘 해야 할지 고민했어요. 가장 먼저 평소에는 할 수 없던 게임을 실컷 하기로 했어요. 날이 더우니 선풍기와 에어컨도 빵빵하게 켜 놓았고, 공기청정기와 제습기도 틀었지요.

　게임을 할 생각에 별이는 너무 신이 났어요. 하지만 그것도 잠깐이었어요. 엄마가 하지 말라고 할 때는 그렇게 재미있던 게임은 영 시시했고, 텔레비전에서도 지루한 프로그램만 나오고 있었고요. 문득 아무도 없는 집이 낯설게 느껴졌어요.

　"또 할 거 없나? 에이, 모르겠다."

　혼자 놀다 지친 별이가 소파에 벌러덩 누웠어요. 멍하니 천장을 쳐다보는데, 무언가 조명등에 걸려 있었어요. 벌레인 줄 알고 깜짝 놀란 별이가 큰 소리를 질렀지만, 아무도 별이에게 달려오지 않았지요. 문득 별이는 엄마와 아빠가 없다는 게 무서워졌어요. 크게 숨을 내쉬고 별이는 큰 결심을 했다는 듯 주먹을 쥐고 천천히 고개를 들어 조명등을 바라보았어요. 그것은 계속 조명등에 걸려 움직이지 않았고 별이는 살금살금 소파를 밟고 일어나 조명등으로 조심스럽게 손을 뻗었어요. 조명등에 걸려 있던 것은 종이쪽지였어요.

이제부터 에너지 절약 방법을 찾는데 도움이 되는 힌트를 주려고 함. 부모님을 빨리 보고 싶다면 따라해 볼 것. 필요하지 않을 때는 형광등을 반드시 끌 것. 특히 낮에는 형광등을 켤 필요가 없지 않겠어? 아무도 없는 방이나 잘 때도 그렇고.

－전기일보 취재기자 전류－

p.s. 집안 곳곳에 비밀 쪽지를 몇 개 숨겨 두었음. 에너지 절약 방법을 찾는데 도움이 될 것임.

"형광등을 끄라고?"

별이는 품하고 웃음이 났어요. 마치 보물을 찾는 모험을 하는 것만 같았어요. 별이는 쪽지를 접어서 주머니에 넣고는 안방과 거실 형광등을 껐지요. 그리고 집 안 구석구석을 살펴보기 시작했어요. 별이의 마음이 왠지 모를 설렘으로 콩닥콩닥 뛰었지요.

ㄷ 원자력은 어디에

"아니, 여긴 어디냐? 도대체 어디로 온 게냐!"

온통 하얀 색으로 칠해져 있는 바깥세상으로 나온 력 박사님은 당황해서 류에게 물었어요.

"어떡해요. 92-92번 전선을 타야 했는데, 929-2번 전선을 탔어요."

전기나라 전선 지도를 살펴보던 류가 땀을 흘리며 답했지요.

"여기는 어디에요? 원자력 발전소는요?"

엄마가 두리번거리며 물었어요.

929-2번 전선을 타고 나온 곳에서는 흰옷을 입은 사람들이 분주히 움직이고 있었어요.

"선생님! 김윤재 환자 엑스레이 검사 준비 다 됐습니다."

흰옷을 입은 사람이 소리쳤어요.

"박사님, 여기는 병원인 듯한데요?"

별이 아빠도 소리쳤어요.

"그러게, 병원이군."

력 박사님이 맞장구를 쳤지요.

"병원에서 환자들을 치료할 때 원자력을 사용하니 영 잘못 온 건 아니야."

력 박사님이 씨익 웃으면서 말했어요.

"병원에서 원자력이 이용된다고요?"

별이 아빠와 엄마의 눈이 휘둥그레졌지요.

"그렇다네. 아까 원자핵이 분열하면 원자력 에너지가 발생한다고 이야기했었지? 핵분열이 일어나면 방사선이라는 물질이 나온다네."

"방사선이요?"

류가 궁금증이 가득한 목소리로 물었어요.

"그래. 쪼개진 원자핵은 불안정한 상태이지. 그래서 원자핵은 원래의 안정적인 상태로 돌아가기 위해 에너지를 쏟아내는데, 이것을 방사선이라고 하지."

"그러니까, 핵분열을 할 때 원자력 에너지 말고 다른 에너지도 나오는데 그걸 방사선이라고 한다는 말씀이죠? X레이, 방사선 다 알던 거지만 핵분열로 방사선이 생기는 줄은 미처 몰랐어요."

별이 엄마가 초롱초롱한 눈빛으로 말했어요.

"방사선은 인간들이 살아가는 일상생활에 항상 존재한다고 할 수 있지. 햇빛에도 있는 거니까. 그렇지만 일정 수치를 넘으면 생명을 위협할 수도 있기 때문에 병원 엑스레이 촬영실에 가면 임산부는 찍을 수 없다고 표시해 놓은 거야."

"늘 나쁘다는 이야기만 들었지 햇빛에도 있다는 건 오늘 처음 알았어요."

　엄마는 대단한 것을 알았다는 듯 고개를 크게 끄덕였어요.

　"그 양이 적으면 문제가 되지 않지만 원자력 에너지를 만드는 과정에서 엄청난 방사선이 한꺼번에 쏟아지거든. 다량의 방사선이 사람들에게 노출되면 아주 위험해. 그래서 원자력 발전소에서는 많은 양의 방사선을 잘 처리할 수 있는 시설을 갖추고 있지."

　"그렇겠네요. 사람의 생명을 위협할 정도로 위험한 것이라면 안전하게 잘 처리해야겠어요."

　이번에는 별이 아빠가 고개를 끄덕이며 말했어요.

　"하지만 아까도 말했듯이 방사선이 꼭 나쁜 것은 아니야. 다양한 방법으로 사람들의 생활을 돕고 있지. 사람을 치료하기 위해 방사선을 사용하는 것만 봐도 알 수 있잖아? 저쪽으로 가서 좀 더 자세히 알아보지."

　박사님은 반대쪽 복도를 가리키면서 말했어요.

　력 박사님과 류, 별이네 아빠와 엄마는 엑스레이를 찍는 검사실 앞에 도착했어요. 검사실 앞에는 한쪽 다리에 길게 깁스를 한 남자아이가 앉아 있었어요. 문 앞에는 방사선 관리구역이라는 노란색 표지가 붙어 있었지요.

　"김윤재 환자분 촬영하겠습니다. 검사실로 들어오세요."

　남자아이는 다리를 절룩거리며 검사실로 들어갔어요.

"저 아이처럼 뼈에 이상이 있을 때 엑스레이 촬영을 하면 어디가 부러졌는지를 알 수 있지. 그걸 알아야 정확한 치료 방법을 찾을 수 있고. 또, 암세포를 찾거나 척추나 뇌의 사진을 찍을 때에도 방사선을 이용하지."

그 모습을 지켜보던 력 박사님은 복도를 따라 걸으며 말했지요. 나머지 셋도 박사님을 따라 걷기 시작했고요.

"방사선을 이용하는 곳이 병원말고 또 있나요?"

류가 손을 번쩍 들고 질문했어요.

"산업 현장에서 기계 속 부품들이 제대로 조립되었는지 알아볼 때도 방사선을 이용해. 만약 비행기나 배처럼 커다란 기계에 작은 부품 하나가 빠졌다면, 확인할 방법이 없거든. 이럴때 방사선을 이용하면 쉽게 확인할 수 있단다. 이렇게 방사선을 이용해서 부품이 제대로 있는지 확인하는 것을 비파괴검사라고 해. 또 유물이나 문화재들이 언제 만들어졌는지 조사하거나, 식물을 더 잘 자랄 수 있게 품종을 개량하는 일에도 방사선이 사용되지. 흠흠."

력 박사님은 말을 길게 해서 숨이 찼는지 헛기침을 했어요.

"앗, 여기가 92-92 전선이에요. 이제 우리 원자력 발전소로 가요."

류가 먼저 전선으로 뛰어 들어가면서 말했어요.

별이 아빠와 엄마, 력 박사님도 따라 들어갔지요.

"찾았다!"

집 안을 돌아다니며 쪽지를 찾던 별이는 화장실 수도꼭지에서 쪽지를 찾았어요. 씨익 웃으면서 쪽지를 펼쳐보았지요.

짜잔! 수도꼭지를 잘 잠그는 것도 에너지 절약 방법이야. 깨끗한 물을 만들려면 많은 에너지가 필요하거든. 세수나 샤워할 때 비누칠하면서 물을 콸콸 틀어 놓지는 않니? 물을 아끼는 것도 에너지를 절약하는 방법이야. 지금처럼 물을 펑펑 쓰다가는 앞으로 마실 물이 없을지도 몰라. 양치질할 때 양치컵을 쓰고, 엄마가 설거지할 때도 수도꼭지를 잘 잠그는지 꼭 확인해 봐!

별이는 류가 남겨 놓은 쪽지를 읽고는 화장실과 주방 수도꼭지가 잘 잠겨 있는지 확인했어요. 습관처럼 물을 틀어 놓고 세수를 했던 별이는 부끄러운 마음이 들었어요.

"이제 세수하거나 머리 감으면서 비누칠할 때는 수도꼭지를 잘 잠가야지! 엄마랑 아빠가 설거지할 때도 잘 감시해야겠어."

별이는 주방에서 안 쓰는 컵을 찾아 세면대에 올려놓으면서 다짐했어요.

'타닥.'

거실에서 무엇인가 떨어지는 소리가 들렸지요. 깜짝 놀란 별이는 종이 쪽지를 주머니에 넣고 거실로 갔어요. 에어컨 앞에 작은 수첩 한 권이 떨어져 있었지요. 작지만 분명히 수첩이었어요. 별이는 조심스레 수첩을 열어 보았어요.

에너지 절약 방법을 열심히 찾는 별이에게 주는 선물이야. 여기에 에너지 절약 방법을 찾아서 적어 봐. 분명 멋진 수첩이 될 거야. 에너지 절약을 위한 또 다른 힌트가 노트에 적혀 있어.

별이는 조심스레 수첩을 몇 장 넘겼어요.

23→26

별이는 숫자를 한참이나 들여다봤어요. 하지만 전혀 감이 오지 않았지요.

"텔레비전 채널인가?"

리모컨을 들고 텔레비전 채널을 돌려 보았지만 에너지 절약과는 아무 상관이 없어 보였어요. 장난감의 숫자를 세어 보기도 했고, 책장의 책을 세어 보기도 했지만 이것도 관계가 없는 것 같았어요. 소파에 앉아 한참을 고민하던 별이는 갑자기 찬 기운이 느껴져 소름이 돋았어요. 선풍기와 에어컨을 보던 별이는 에어컨의 숫자에 시선을 고정했지요. 에어컨의 설정 온도는 바로 23도였어요.

"아, 에어컨 설정 온도를 높이라는 거구나! 그런데 에어컨 온도를 높이면 너무 덥지 않을까?"

별이는 온도를 낮추면서 고개를 갸웃거렸어요. 더우면 온도를 다시 낮춰야겠다고 생각하며 설정 온도를 26도로 올렸어요. 하지만 온도를 시간이 지나도 별이는 덥지 않았어요. 그동안 에어컨 온도가 너무 낮았던 것은 아닌가 생각이 들었지요. 문득 에어컨의 설정 온도가 너무 낮아 냉방병에 걸려 병원을 찾는 사람이 많다는 뉴스를 본 기억이 났어요. 에어컨 온도를 26도로 맞추면 에너지를 아끼면서 건강을 지키는 것이라고 했던 앵커 언니의 말이 떠올랐어요. 그리고 세 번째 에너지 절약 방법을 찾았다는 확신이 들었지요. 별이 얼굴에 미소가 번졌습니다.

물 스트레스 국가 대한민국

국제인구행동연구소(PAI)는 나라별로 흘러간 빗물의 양을 인구수로 나누어 1인당 물 사용 가능량을 구하는데 1,000㎥ 미만은 물 기근 국가, 1,000㎥ 이상에서 1,700㎥ 미만은 물 스트레스 국가, 1,700㎥ 이상은 물 풍요 국가로 분류한다. 2003년 조사에서 한국은 물 스트레스 국가로 분류되었으며 인구 밀도가 높기에 물 이용 효율이 낮아질 경우 2025년부터는 물 기근 국가로 분류될 수 있다는 의견이 제기되고 있다. 한국은 연간 강수량은 많지만 국토의 70% 정도가 급경사의 산지로 이루어져 있어서 많은 물이 바다로 흘러가게 되고 인구 밀도도 높아 1인당 물 사정이 점점 어려워질 것이라고 전망했다. 국제연합이 2018년에 공개한 세계 물 보고서에서도 한국은 물 스트레스 국가로 분류됐으며 OECD가 2012년에 펴낸 환경전망 보고서에서도 OECD국가 중 가장 물 부족이 심각한 나라로 지목됐다.

 원자력 발전의 주의사항

"원자력 발전소에 다 왔어요? 쿵쿵. 어디선가 바다 냄새가 나는 것 같아요."

92-92번 전선의 콘센트 구멍에서 빠져나오며 별이 아빠가 말했어요.

"후후, 별이 아빠는 냄새를 잘 맡는군. 맞아, 여기는 바닷가야. 원자력 발전소는 발전과정에서 뜨거운 열이 많이 발생되기 때문에 열을 식혀 주는 냉각제가 필요해. 냉각제로 물을 주로 사용하기 때문에 원자력 발전소는 바닷가나 강가에 있는 경우가 많아. 그게 여의치 않으면 냉각 시설을 따로 만들지."

아빠와 엄마, 류는 처음 본 원자력 발전소의 모습에 입을 떡 벌렸어요. 둥근 지붕의 건물이 엄청나게 컸거든요. 그때 하얀 가운을 입은 원자력 발전소 연구원과 학생들이 지나갔어요. 견학을 온 학생들이었어요.

"이 건물에 원자로가 있습니다. 원자로는 핵분열 과정에서 생긴 뜨거운 열이 지나는 길입니다. 여기서 얻은 뜨거운 열이 에너지로 바뀌게 되고, 그 힘으로 발전기를 돌려 전기를 얻지요."

연구원은 호기심어린 눈으로 원자력 발전소를 구경하는 학생들에게 친절하게 설명했어요.

"저런 과정을 거쳐 만들어진 에너지가 전기나라로 공급되고, 전기나라 병사들이 열심히 일해서 바깥세상으로 전기를 전달하는 거란다."

력 박사님이 설명을 덧붙였어요.

"여러분이 직접 가 볼 수는 없지만, 발전소 안에 아주 중요한 곳이 있어요. 전기를 만들고 난 뒤, 핵 연료를 보관하는 저장소죠. 전기를 만든 핵은 매우 뜨겁고 방사능이 많이 남아 있어서 위험해요. 그래서 핵 연료 저장소에 보관하여 열과 방사능을 최대한 적게 만든 뒤에 처리 시설로 보내게 됩니다. 모든 원자력 발전소에는 핵 연료 저장소가 안전하게 설비되어 있어요. 또 발전소 안에서 사용한 물건들은 방사선에 노출되었을지 모르기 때문에 사용 후 전부 폐기처분하고 있고요."

연구원은 자신의 설명을 열심히 듣는 학생들을 보면서 흐뭇한 미소를 지었어요.

연구원의 설명을 들은 류는 기분이 이상했어요. 어디에선가 전기가 온다는 것은 알았지만, 전기가 만들어지는 곳에 와 본 건 처음이었거든요. 에너지 자원으로 전기를 생산하는 일도 전기나라 전기병사들이 하는 일만큼 대단한 것이라는 생각이 들었어요.

"어? 오늘은 재활용 쓰레기를 버리는 날인데? 나 혼자 어떻게 내다 놓지? 엄마랑 아빠는 언제 오시는 거야······."

베란다에 박스 가득 쌓인 종이를 보면서 별이는 울상이 되었어요. 혼자 내다놓기에는 너무 많은 양이었어요. 제때 내놓아야 하는데······. 별이는 걱정이 되었어요. 쓰레기를 잘 구분해 지정된 날짜에 내놓지 않으면 쓰레기를 버릴 수 없거든요. 특히! 경비 아저씨에게 걸리는 날에는 혼쭐이 났어요. 평소에는 별이와 같은 아이들에게는 한없이 친절한 분이셨지만 쓰레기 정리만큼은 늘 엄격하게 단속하셨어요.

언젠가 별이 엄마가 경비 아저씨께 왜 이렇게 분리수거를 빡빡하게

분리수거된 깡통들.

감시하느냐고 여쭈어 본 적이 있었어요. 할아버지는 한숨을 크게 한번 쉬시더니 말씀하셨어요.

"이 병 하나, 이 캔 하나 만드는데 얼마나 많은 자원이 드는 줄 알아요? 조금만 신경 써서 버려도 이것들을 재활용할 수 있다오. 만들 때 필요한 자원들을 아낄 수 있는 뜻이지. 쓰레기도 줄이고 자원도 아낄 수 있으니 일석이조가 아니겠소? 조금 귀찮다고 막 버리면 그걸 다 우리 후손들이 뒤처리해야 한다는 걸 왜들 모르는지……. 별이 엄마가 함부로 버린 걸 나중에 별이가 치워야 한다고 생각해 봐요. 분리수거 같은 작은 노력도 사람들이 실천하면 큰 힘이 되는 거라오. 물 한 방울, 한 방울이 모여 바다가 되는 것 아니겠소?"

경비 아저씨의 말이 생각난 별이는 씨익, 웃으면서 수첩을 한 장 넘겼어요. 재활용품을 제대로 분리해서 버리는 것도 에너지를 절약하는 방법이라고 적었지요. 쌓여 있는 종이뭉치들이 쓰레기가 아니라 귀한 자원 같다는 생각이 들었어요. 아니나 다를까, 종이뭉치 위에도 힌트 쪽지가 놓여 있었어요. 별이는 수첩을 바라보며 뿌듯한 마음이 들었지요.

분리배출표시 마크.
자료: 환경부

에너지 절약 방법을 찾으며 별이는 생각보다 에너지 절약이 어렵거나 힘든 일이 아니라는 것을 깨달았어요. 빈방의 불을 끄는 것, 양치질할 때 양치 컵을 쓰는 것은 조금만 신경 쓰면 되는 일이니까요. 에어컨 온도를 낮추는 것은 건강을 위해서라도 지켜야 하는 것이었고요. 학교에서 선생님은 늘 에너지를 절약하라고 말씀하셨지만 나 혼자 하는 게 얼마나 절약이 되겠냐고 생각했었어요. 하지만 에너지 절약 방법을 찾으면서 별이는 작은 노력이 모여 큰 힘이 된다는 경비 아저씨의 말을 떠올렸고 지금 찾은 절약 방법은 꼭 지켜야겠다고 생각했답니다.

"아니, 그러니까 지금 방사선이 위험하지 않다는 겁니까? 방사선에 노출되어서 자연이 얼마나 파괴되었는지 알고나 하는 말씀이세요?"

별이 아빠와 엄마, 류와 력 박사님이 원자력 발전소의 회의실 앞을 지나고 있을 때였어요. 회의실에서 큰 소리가 났어요. 네 사람은 살짝 열린 문 사이로 들어갔어요. 방 안에는 열 명 정도 되는 사람들이 편 나누기를 하듯이 나누어 앉아서 이야기를 하고 있었어요. 각각 원자력 발전소와 환경단체라고 쓰인 푯말이 책상에 놓여 있었지요.

"위험하지 않다는 이야기가 아니라 위험할 수도 있지만, 아닐 수도 있다는 말입니다. 방사선은 우리 주위 어디에나 있습니다. 지구가 처음 생겨날 때부터 있었고, 자연 상태의 암석이나 흙에서도 방사선이 나옵니다. 공기 중의 먼지에도, 우리가 먹고 마시는 음식에도, 우리 몸속에도 방사성 물질은 포함되어 있습니다. 어느 정도의 방사선은 해롭지 않습니다."

"물론 그렇지요. 하지만 분명 위험성도 존재하는 거잖아요. 그것에 대해 알리고 예방책을 세우자는 거예요. 2011년 3월에 일본 대지진 때문에 원전 사고가 났잖아요. 그때 원전 사고가 일어날 것이라고 누가 생각이나 했습니까? 후쿠시마 제1원전 발전소의 외벽이 폭발하고, 방사선 물질이 공기 중에 노출됐다고요."

"그건 사고였습니다. 일반적으로 사람들에게 노출되는 방사선의 양이 아니에요. 원자력 발전소에서 나오는 방사선은 핵연료 저장소를 통해 안전하게 처리되고, 그 양을 최대한 줄이려고 노력하고 있습니다. 원자력 발전소에서 사고가 나지 않는 이상 사람들에게 위험할 게 전혀 없다는 말이죠."

"그러니까요, 원자력 발전소에 사고가 나면 어쩔거냐는 거죠! 후쿠시마 원전 사고 이후 여러해가 지났지만 사고 후유증과 공포는 아직도 진행 중이라고요. 생물이 방사능에 노출되면 유전자 변형이 일어나고, 암과 여러 가지 질병에 걸리게 됩니다. 바로 옆 일본에서 이런 사고가 났는데, 우리는 안전하다고 어떻게 확신할 수 있습니까!"

환경단체 사람은 기괴하게 변한 꽃과 귀가 없는 토끼의 사진을 보여 주었어요.

"물론 원전에서 사고가 난다면 매우 위험합니다. 그래서 우리나라 원자력 발전소에서는 그런 사고가 일어나지 않도록 철저하게 모든 과정을 처리하고 있습니다. 원자력 발전소에서는 사용한 핵연료를 일 년에 한 번 원자로에서 꺼내 밀폐된 통로를 통해 물이 담긴 큰 수조로 옮기고 있습니다. 이 수조의 물속에 적어도 5년 이상을 넣어 둡니다. 이렇게 하면 뜨거운 열도 식고, 방사성 물질도 많이 줄어듭니다. 우리나라 원자력 발전소에서는 30년 이상 핵 연료를 물속에 넣어 두고 있어요. 다 사

용한 핵연료들을 안전하게 보관할 장소를 만들기 위해 최선을 다하고 있으니 걱정하지 않아도 됩니다."

력 박사님과 류, 별이 엄마 아빠도 심각한 표정으로 이야기를 듣고 있었지요.

"불안한 점도 있지만 그래도 원자력 발전이 안전하게 이루어지고 있는 것 같아 조금은 안심이 되네요."

엄마의 말에 력 박사님도 고개를 끄덕였지요.

"방사선은 일정 수치를 넘기지 않는 이상 특별히 문제가 될 게 없습니다. 중요한 것은 원자력 에너지를 안전하고 평화적으로 사용하기 위해 노력해야 한다는 것입니다. 만약 그렇지 않다면 원자력은 사용하지 않는 것만 못하게 되니까요."

류는 원자력 에너지에 대한 회의 내용을 취재수첩에 옮겨 적기 바빴어요. 원자력 발전에 대해 새롭게 알게 된 사실들과 방사선의 이로운 점과 주의해야 할 다양한 점들에 대해서 다시 한번 생각해 보았지요. 이 다음에 원자력 에너지에 대한 기사를 쓰겠다고 다짐하면서 말이에요.

"꼬르르륵!"

한참동안 에너지 절약 방법을 찾던 별이는 배에서 커다란 소리가 나서 깜짝 놀랐어요. 그제야 낮에 엄마 아빠와 점심을 먹고 난 뒤 아무것도 먹은 게 없다는 것을 깨달았지요. 식탁에는 아까 먹고 남은 음식들이 조금 있었지요. 하지만 식은 음식을 먹고 싶지는 않았고, 그렇다고 혼자 요리를 해 먹을 엄두도 나지 않았지요. 먹을 게 없을까 냉장고를 열어 보던 별이는 아빠, 엄마와 함께 밥을 먹은 점심때가 그리웠어요.

"아빠, 엄마랑 다 같이 먹으면 좋을 텐데……."

혼자 중얼거렸지요.

"맞다!"

그 순간, 별이가 좋은 생각이 떠오른 듯 수첩을 펼쳤지요.

원자가 만드는 에너지

에너지 절약 방법! 가족이 함께 식사를 한다.

아빠와 엄마랑 함께 밥을 먹으면, 따로 밥을 먹을 때 보다 요리하는 데 필요한 연료를 절약할 수 있으니 좋은 에너지 절약 방법이라고 생각했어요. 가족들과 사이도 더욱 돈독해질 테고요. 별이는 마지막 방법을 찾아냈다는 생각에 괜스레 자랑스러워졌지요.

"다 찾았다! 에너지 절약 방법 5가지!"

별이는 아빠와 엄마를 기다렸어요. 배가 고프지만 참기로 했어요. 아빠 엄마와 함께 먹는 밥이 더 맛있을테니까요.

"집으로 돌아갈 순간이 왔군."

력 박사님이 흐뭇한 미소를 지으며 말했지요. 별이가 에너지 절약 방법 5가지를 모두 찾았다는 연락이 왔거든요.

"정말이요? 우리 별이가 에너지 절약 방법 5가지를 다 찾은 거예요?"

"벌써 찾았다고? 역시 우리 딸이야."

원자력 발전 가동 원리

원자력 발전은 원자로 핵심부에서 우라늄 원자핵이 분열하면서 발생하는 열로 주 회로에 있는 물을 끓인다. 뜨거워진 물은 열교환기를 거쳐 증기로 변해 터빈을 돌려 전력을 생산한다.

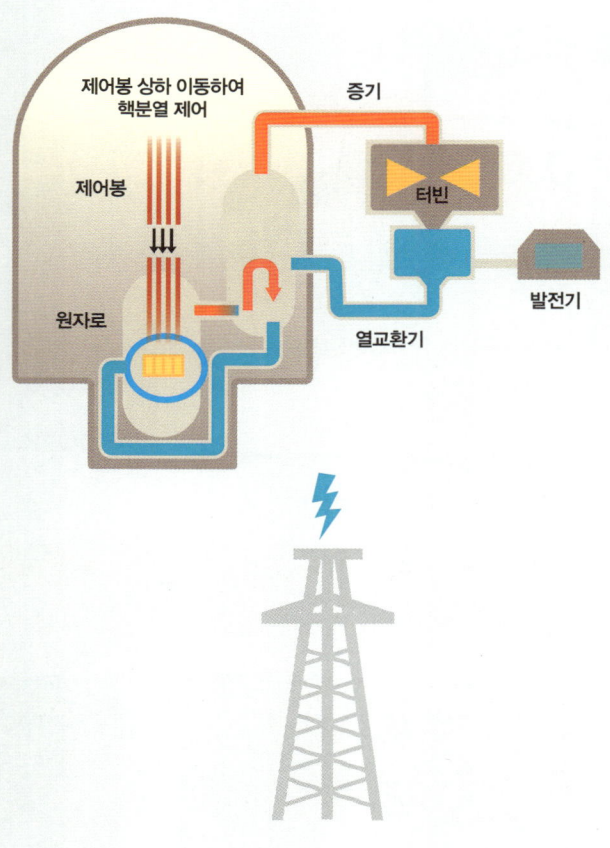

방사선은 어디에 있을까요?

원자를 구성하는 양성자, 중성자, 전자가 균형을 이루지 못할 때 방사선이 나오게 됩니다. 원자력 발전은 원자의 분열로 에너지를 얻고, 방사선은 그 분열에서 나오는 것이므로 원자력 발전과 방사선은 떼려야 뗄 수 없는 관계입니다.
원자력 에너지가 위험하다고 하는 이유 중에는 방사선도 큰 몫을 차지하고 있습니다.
하지만 자연 상태에서도 방사선은 나오기 때문에, 일상생활을 하면서도 사람들은 방사선에 노출되어 있습니다. 또한 방사선을 활용해 병을 치료하거나 산업에 이용하기도 합니다.

인공 방사선

0.05
원자력 발전소 주변의 방사선량 목표치
(연간, 실제 방사선량 0.014 ALAKS)

0.1-0.3
가슴의 X선 촬영

자연 방사선

1주간 북알프스 등산
1회
0.026

비행기 여행
유럽왕복 1회
0.07

방사선은 생활에 유용하게 사용되기도 해.

방사선 종사자의 허용선량
(5년간 100)
연간 50

연간 1
일반인의 허용선량

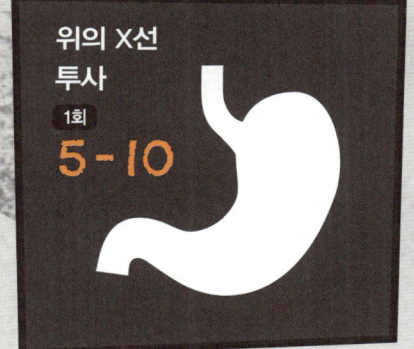
위의 X선 투사
1회 5-10

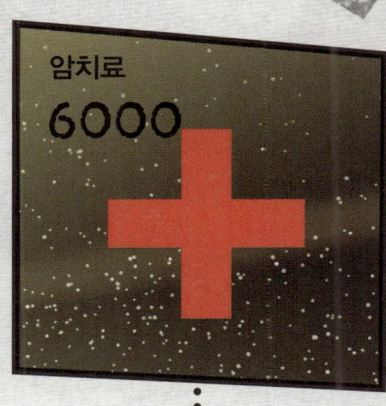
암치료 6000

단위 (mSv)

우주 0.35
대지 0.4
음식물 0.35

연간 2.4
공기중 1인당 자연 방사선

방사선이 자연에도 있어!

토론왕 되기!

원자력 에너지, 써야 할까 말아야 할까?

우리나라는 1970년대부터 원자력 발전을 시작해 현재 주요 에너지원으로 사용하고 있다. 우리나라뿐만 아니라 세계 30개국에서 439개의 원자로를 운영하고 있다. 나라마다 차이는 있지만 프랑스는 전력의 77%를 원자력 발전으로 생산하고 있으며 우리나라는 31%의 전력이 원자력 발전으로 생산된다.

그러나 2011년 일본 동해안을 강타한 후쿠시마 대지진으로 해안에 위치해 있던 원자로가 파괴되어 방사능이 유출되면서 원자력 발전소의 안전성에 대한 우려가 높아졌다. 우리나라에서도 원자력 발전소 가동이 일시 중단되는 사태가 발생하면서 원전의 안전성에 대한 논란이 커지고 있다.

우리의 원전 기술은 매우 높은 수준으로 원전 연료인 농축 우라늄을 제외하고는 모두 국산화가 가능하다. 또한 원자력 발전의 연료인 우라늄은 소량으로 막대한 에너지를 낼 수 있다. 화석 연료의 대부분을 수입하는 우리나라 입장에서 원자력 에너지는 매우 경제적인 에너지인 셈이다. 또한 화석 에너지를 사용할 때 나오는 이산화탄소는 지구 온난화를 불러오는 원인이 되는데 원자력 발전은 이산화탄소가 발생되지 않는다는 점 또한 장점이다.

이런 장점에도 불구하고 원자력 발전소가 지진이나 폭발 사고로 인해 파괴된다면 치명적인 위험을 초래할 수 있다는 점은 결정적인 단점으로 지

적된다. 구소련 체르노빌 사건이나 일본 후쿠시마 원전 폭발 사건은 방사능이 얼마나 위험한지를 보여준다. 원자력 발전을 하게 되면 반드시 발생하는 폐기물 역시 위협적이므로 폐기물의 안전한 처리가 반드시 요구된다. 원자력 발전의 장점으로 저렴하게 전기를 생산할 수 있다는 점을 들고 있지만 초기 건설비용이 다른 발전소보다 많이 든다는 단점도 있다.

퀴즈 단어 찾기

본문 속에 나왔던 단어들이 퍼즐 안에 숨어 있어요.
보기를 보고 해당하는 단어를 차장 보아요.

① 원자핵을 구성하는 세 가지
② 원자번호 92번인 원자
③ 원자핵이 쪼개지는 현상
④ 원자핵이 결합되는 현상

정답
① 양성자, 중성자, 전자
② 우라늄
③ 핵분열
④ 핵융합

4장 에너지를 절약해요

재생 가능 에너지가 있어?

"아빠! 엄마!"

전기나라로 통하는 콘센트 구멍에서 빠져나온 별이 아빠와 엄마는 다시 원래의 모습으로 돌아왔어요. 별이는 아빠와 엄마에게 뛰어가 와락 안겼지요.

"우리 별이 덕분에 아빠와 엄마가 아주 멋진 휴가를 다녀올 수 있었어."

엄마가 별이를 안고 토닥여 주었어요. 별이네 가족의 만남을 지켜보던 류와 력 박사님은 흐뭇하게 웃었지요.

어른스럽게 에너지 절약 방법을 찾던 별이는 엄마 아빠를 보자마자 어린아이로 돌아왔고, 배가 고프다고 엄마에게 매달렸지요. 엄마는 바로 저녁을 차렸고 배가 고팠던 별이는 하나도 남기지 않고 다 먹었습니다.

"그런데, 엄마 아빠만 휴가 갔다 오기야? 나랑은 휴가 안 가?"

별이가 물었어요.

"가야지! 전라북도에 있는 등용마을에 갈까 해."

"거긴 어디야? 놀이동산이야? 수영장은 있어?"

"그런 곳보다 더 멋진 체험을 할 수 있는 곳이야. 재생 가능 에너지 체험 학교도 있고, 에너지 자립 마을을 구경할 수도 있어. 달걀프라이도 먹을 수 있대."

"피, 달걀프라이는 지금도 먹을 수 있는 걸 뭐."

별이는 실망한 것 같았지만 엄마와 아빠는 별이 몰래 눈빛을 교환하며 웃었어요. 집으로 돌아오기 직전 별이 엄마와 아빠는 별이에게도 우리가 사용하는 에너지가 많은 사람들이 고생해서 만들어지는 것이라는 걸 보여주고 싶었어요. 아빠의 이런 생각을 들은 전력 박사님이 추천해 준 곳이 바로 등용마을이었지요.

며칠 뒤, 별이네 가족은 등용마을로 출발했어요. 자동차 대신 기차를 타고 가기로 했어요.

"여기 어디쯤인 것 같은데……."

한적한 마을에 들어서자 별이 아빠는 주변을 살폈지요. 마을은 평화로워 보였어요. 지붕에 태양열 에너지를 모으는 집열기가 있는 집도 있었어요.

"여보! 저 건물이 '재생가능 에너지 체험 학교' 아니에요? 력 박사님이 알려 주신 곳이요."

"맞다! 저기네."

별이네 가족은 호기심에 눈을 반짝이며 '재생가능 에너지 체험 학교'로 들어갔어요.

"에너지 체험 학교에 오신 여러분을 환영합니다. 저희 학교에서는 스스로 에너지를 만들어 보는 경험을 하실 수 있습니다. 이렇게 만든 에너지로 음식을 만들기도 하고, 밤에 영화를 보기도 하죠."

에너지를 만든다는 말에 별이는 눈을 반짝이며 선생님의 말에 집중하기 시작했어요. 프로그램에 참여한 다른 가족들도 호기심 어린 눈으로 선생님을 바라보았지요.

"우리가 배울 에너지는 대체 에너지에요. 환경 문제를 일으키지 않으면서 화석 에너지를 대신할 새로운 에너지라는 의미에서 대체 에너지라고 부른답니다. 또 아무리 써도 없어지지 않기 때문에 재생 에너지, 천연에너지라고도 하고요. 그 중 태양의 빛과 열을 이용해서 만드는 에너지를 태양 에너지라고 해요. 태양 에너지는 두 가지로 나누어지는데, 하나는 태양빛을 전기 에너지로 바로 바꾸는 태양광발전이 있어요. 이 방법은 설치비가 비싸기 때문에 널리 이용되기 어렵지요. 또 다

태양열을 모아 전기를 일으킬 수 있는 집열판.

른 하나는 태양열로 터빈을 돌려 전기 에너지를 얻는 태양열발전이에요. 우리 에너지 체험 학교와 에너지 자립 마을에서는 둘 다 사용하고 있지요. 태양 에너지는 없어질 걱정도 없고, 몸에 해로운 물질도 만들어 내지 않는 건강한 에너지에요."

"태양 에너지 말고 다른 대체 에너지가 있어요? 태양으로 에너지를 만들 수 있으면, 바다나 바람 같은 걸로는 못 만드나요?"

별이가 궁금한 마음에 손을 번쩍 들고 말했어요.

"당연히 만들 수 있어요. 바람의 힘을 이용하는 풍력발전, 파도의 힘

을 이용하는 파력발전, 밀물과 썰물의 차이를 이용하는 조력발전도 있어요. 바다와 바람 말고도 땅속에서 나오는 열로 에너지를 만드는 지열발전도 있지요. 물론 지리적 특성과 생산 비용 때문에 아직까지 쉽게 사용될 수 있는 방법은 아니지만요."

별이가 고개를 끄덕이고 있을 때였어요. 선생님이 자전거 서너 대를 가져왔어요. 자전거는 선풍기와 전선으로 연결되어 있었어요.

"자전거 페달을 밟아서 자전거 바퀴가 돌면, 그 힘으로 선풍기가 돌아갑니다. 에너지를 만들고, 그 에너지가 사용되는 것을 볼 수 있는 자전거예요."

선생님의 설명을 듣던 별이 엄마가 앞으로 나섰어요.

"선생님, 제가 해 볼게요."

별이 엄마가 자전거 페달을 힘차게 밟기 시작했지요. 자전거 페달을 계속 밟으니 선풍기가 돌기 시작했어요. 선풍기가 돌아가자 여기저기서 환호성이 터져 나왔지요. 별이도 별이 아빠도 자전거 페달을 밟고 있는 별이 엄마도 신기함에 입을 다물지 못했어요.

"이렇게 에너지를 직접 만들 수 있다니, 정말 대단하다!"

"이 뿐만이 아니에요. 태양열 조리기로 달걀프라이도 해 먹을 수 있답니다."

체험학교 선생님과 별이네 가족은 태양열 조리기가 있는 곳으로 자리를 옮겼어요.

"하하, 선생님 이건 우주 비행선 같이 생겼는걸요?"

별이 아빠가 큰 소리로 웃으면서 말했지요.

"맞아요. 은색의 커다란 쟁반이 우주 비행선 같기도 하지요? 이게 바로 태양열 조리기랍니다. 은색의 커다란 쟁반이 태양열을 흡수하고 모으는 역할을 해요. 그래서 이 안에 달걀을 깨트리거나 생닭을 올려놓으면 태양의 열기로 음식을 익혀 먹을 수 있습니다. 가스레인지 위에 올려놓은 프라이팬이라고 생각하시면 되요."

선생님의 설명을 다 들은 아빠는 태양열 조리기 옆에 있던 날달걀을 깨트렸어요. 조금 있으니 지글지글 소리를 내면서 달걀프라이가 익기 시작했지요.

"와! 달걀이 익고 있어요."

별이가 신기해하면서 말했어요. 침을 꼴깍 삼킨 별이는 달걀프라이가 익기 무섭게 먹어 버렸지요.

"왠지 집에서 먹던 달걀프라이 보다 더 맛있는 것 같아요. 태양으로 달걀프라이를 해먹다니, 집에서도 이렇게 먹으면 좋겠어요."

순식간에 달걀프라이를 먹어치운 별이가 함박웃음을 지으면서 말했어요.

㉣ 에너지를 만들어 쓰는 마을

별이네 가족은 학교 밖으로 나와 걷기 시작했어요. 마을 곳곳에는 태양열로 에너지를 만들 수 있는 태양열 집열판, 방금 탔던 자전거 발전기가 있었어요.

마을 회관을 지나는데 어떤 아저씨가 건물 주위에 물을 뿌리고 있었지요.

"왜 물을 뿌리는 겁니까?"

별이 아빠가 다가가 물었어요.

"너무 더워서 온도를 낮추려고 물을 좀 뿌리고 있었습니다. 저희 마을에 에너지 체험하러 오신 분들이군요?"

"네, 에너지를 만드는 체험을 할 수 있다고 해서 가족끼리 휴가도 보낼 겸해서 왔습니다."

"그러시군요. 저는 이 마을에 살고 있는 주민이에요. 제가 마을을 소개해 드릴까요?"

"그래 주신다면 저희야 감사하죠. 잠깐 마을을 둘러봤는데 신기한 것들이 많이 있더라고요."

별이 아빠는 반가운 마음에 허허 웃으며 대답했지요.

"저희 마을에서는 스스로 에너지를 만들어 쓰려고 노력하고 있어요.

그 첫 번째가 에너지를 아껴 쓰는 것이지요. 2008년부터 마을 주민들은 에너지 소비를 10퍼센트씩 줄이기로 하고 실천에 옮겼습니다. 집집마다 사용하는 전기의 양을 기록하고, 새 가전재품을 살 때는 에너지 효율이 높은 것으로 선택하고, 쓰지 않는 가전제품은 플러그를 뽑아 두었지요. 가정에서 전기를 아낄 수 있는 방법을 찾아 최대한 행동에 옮겼습니다. 새로 짓는 집은 난방효과를 높이기 위해 건물의 벽을 두껍고 튼튼하게 만들었어요. 또 마을의 에너지 현황을 조사해 에너지 지도를 완성시켰고요."

"에너지 지도요?"

별이가 처음 들어 본 말에 고개를 갸우뚱거리며 물었어요.

"네. 에너지 지도는 우리 마을에서 누가 얼마나 많은 에너지를 사용하는지, 또 재생 가능한 에너지 시설을 어디에 짓고, 그 에너지를 어디에 사용해야 가장 효율적인지를 계산해 표시한 지도입니다. 어느 집에서 어떤 에너지를 만들고, 또 어느 집에서 어떻게 사용해야 가장 절약해서 사용할 수 있는지를 보여주는 것이지요. 그에 따라 마을회관에서 태양광으로 전기를 생산하고, 또 다른 집에서 태양열로 온수를 만들기로 한 겁니다. 또 다른 집에서는 소형 풍력발전기를 설치해 에너지를 만들기도 합니다."

"마을 사람이 모두 힘을 합쳐 스스로 에너지를 만들어 쓰는 거네요.

대단한데요?"

"그럼요. 누구 하나가 아니라 모두의 노력이 필요한 일이지요."

아빠가 두리번거리며 주변을 둘러보았어요.

"저 식당에는 태양열 온수기가 설치되어 있다고 쓰여 있네요. 마을 곳곳에 자전거로 에너지를 만들 수 있는 설비도 있던데, 에너지를 만들기 위해 다 같이 노력한다니 멋지십니다."

마을 사람들의 노력에 별이네 가족은 놀라움을 감추지 못했어요.

"그런데 이 마을은 왜 에너지 자립을 하려고 하는 거죠? 솔직히 발전소에서 만드는 에너지를 가져다가 사용하면 편하잖아요."

"그렇죠. 우리 마을도 처음부터 에너지를 만들어 쓰려고 했던 건 아니었습니다. 몇 년 전, 핵폐기물 처리장이 들어선다는 이야기가 있었어요. 하지만 모두가 아는 것처럼 핵폐기물에는 해로운 방사선 물질이 있잖아요. 그래서 마을 사람들은 핵폐기물 처리장 설립을 반대하는 시위를 했습니다. 1년 5개월 동안 다양한 방법으로 반대 운동을 펼쳤고, 마침내 핵폐기물 처리장을 짓지 않기로 했어요. 그 후 자연스럽게 전기절약에 관심을 가지게 되었고 지금까지 온 것이지요."

"사실 그건 지역이기주의로 보일 수도 있는 일이잖아요. 이 마을에서도 전기를 쓰고 있는데요."

별이 아빠가 조심스럽게 물었지요.

다른 나라의 에너지 자립 마을

대표적인 에너지 자립마을은 독일의 윤데 마을이다. 140여 가구가 거주하는 농촌 마을로, 괴팅엔대학교에서 바이오에너지마을 프로젝트를 구상하고 다양한 분야 전문가가 참여하면서 시작되었다.

이 마을은 연간 5,000MWh의 전력을 생산하였고, 마을 소비 2,000MWh를 제외한 남은 전력을 외부에 팔아서 수익을 내고 있다.

"맞아요. 저희가 반대 운동을 하면서 가장 많이 들었던 말이 바로 그 말이었어요. '당신들도 전기를 쓰지 않습니까?' 실제 부안에서 쓰는 전기는 전부 옆에 있는 영광 원자력 발전소에서 오거든요. 원자력 에너지를 사용하고 있으면서 우리 동네에는 핵폐기물 처리장을 만들 수 없다고 시위를 한 셈이지요. 그래서 핵폐기물 처리장을 만들지 않기 위해 원자력 에너지 사용을 줄여보자고 마음을 모아 시작된 운동입니다. 작은 시작이었지만 지금은 이렇게 스스로 에너지를 만들어 쓰는 단계까지 오게 된 거예요."

별이네 가족은 다시 한 번 마을을 둘러보았어요. 모든 사람들이 이 마을 사람들과 같이 생활하고 노력한다면 에너지를 더 많이 절약할 수 있을 거라는 생각을 하면서 말이지요.

 우리 집에서도 할 수 있어요

"이게 뭐야?"

별이는 엄마가 내민 네모난 망사판을 보고 물었어요.

"차량용 햇빛 가리개야. 아까 보니까 그 마을 차는 모두 창에 이 가리개가 있더라고. 밖에서 들어오는 햇볕을 막으면 차 안 온도를 낮출 수 있고, 그러면 에어컨을 약하게 틀어도 되니까. 집에 가면 얼른 블라인드를 쳐야겠어. 별이도 도와줘야 해. 알았지?"

엄마의 말에 별이는 재빠르게 뒷좌석 창문에 햇빛 가리개를 붙였어요.

"우리가 집에서 태양열 조리기로 밥을 할 순 없잖아. 그래서 생각해 봤는데, 우리 아파트의 에너지 지도를 만드는 건 어떨까? 어느 집에서 얼마만큼 에너지를 사용하는지 조사하고, 또 공동으로 사용하는 지하 주차장이나 엘리베이터에서 얼마나 전력이 사용되는지를 확인하면, 전기 사용을 줄일 수 있는 방법도 찾을 수 있을 거야. 또 집집마다 전력 사용량을 비교할 수 있으니까 전기료가 많이 나온 집은 전기를 아껴야겠다는 생각도 들 거고!"

"좋은 생각이에요. 이번 달 반상회에서 이야기해 봐요!"

엄마가 아빠의 말에 연신 고개를 끄덕이면서 말했어요.

"우리가 전기를 생산하는 건 어렵지만, 가장 중요한 건 전기를 절약하는 습관인 것 같아. 아까 마을 주민분도 말씀하셨잖아. 등용마을에서도 가장 먼저 한 것은 전기를 절약하는 습관과 방법을 배우는 거였다고. 우리도 전기를 아끼는 습관을 들이는 게 중요한 것 같아."

"맞아요. 제 생각도 그래요."

별이도 아빠의 말에 맞장구쳤지요.

"그래서 말인데, 등용마을 주민분이 알려준 방법을 우리도 실천해보자고. 텔레비전이나 냉장고, 컴퓨터 모니터 화면을 모두 절전모드로 사용하신다잖아. 그렇게 하면 일반적으로 소모되는 전기를 손쉽게 줄일 수 있다고 했어. 우리도 집에 가서 절전모드로 설정을 바꾸는 거야. 어때?"

"좋아요. 저도 얘기 들으면서 집에 가서 바로 해 봐야겠다고 생각했어요. 그리고 한 번만 바꾸면 되는 거니까 편하고 쉬운 절약 방법이고요."

"우리 별이가 찾은 전기 절약 방법 5가지도 항상 지키기로 해요. 그것만 지켜도 우리는 전기 절약을 몸소 실천하는 가족이 될 거예요."

엄마는 별이가 적어 놓은 전기 절약 방법 수첩을 보면서 말했어요.

"당신 이번에 선정된 에너지 홍보대사 역할 제대로 할 수 있겠는데? 하하하."

아빠도 크게 웃으면서 답했지요.

바람으로 풍력 발전을 일으키는 모습.

　집으로 돌아오는 별이네 가족의 표정이 에너지를 절약한 만큼 밝아졌어요. 특별했던 여름휴가가 지나고 있었어요. 비행기를 타고 평소 못 가보던 곳을 가 보는 여행은 아니었지만, 다른 어떤 여행보다 많은 것을 배웠던 아주 멋진 에너지 절약 여행이었어요.

 에필로그

"오늘 새로 나온 전기일보입니다. 시간 날 때 봐 주세요!"

류는 자신의 기사가 실린 신문을 병사들에게 나누어 주기 위해 구석구석을 뛰어 다녔어요. 물론 력 박사님의 방문 앞에 전기일보를 놓아두는 것도 잊지 않았지요. 병사들에게 전기일보를 배달하던 류는 365-1번 전선을 타고 별이 집으로 나왔어요.

별이네 집은 예전과 많이 달라져 있었어요. 빈방 형광등은 꺼져 있고, 에어컨 설정 온도는 26도였지요. 어제만 해도 마구잡이로 연결되어 있던 컴퓨터 전원은 가지런히 정리되어 쓰지 않는 플러그들은 모두 뽑아 놓았어요. 류는 흐뭇한 미소를 지으면서 별이의 머리맡에 전기일보를 놓아 두었어요.

아침에 잠에서 깬 별이는 머리맡에 놓인 전기일보를 보고는 꺄르르 웃었어요.

"아빠, 엄마!"

기사를 읽던 별이네 가족의 얼굴에 웃음꽃이 피었어요.

에너지를 절약하려는 시도는 전기나라에서 뿐만 아니라 인간들이 사는 세상에서도 많이 있었다. 특히 365-1번 전선에 연결되어 있는 별이네 집에서는 다양한 노력을 하고 있다. 스스로 에너지 절약 방법 5가지를 모두 찾아 낸 별이는 자신이 찾은 방법들을 지키기 위해서 열심히 노력하고 있다.

별이 엄마와 아빠도 에너지 자립 마을에서 배운 것들을 집에서 실천할 것이다. 많은 인간들이 에너지를 절약하려는 마음을 가지기를 기다해 본다. 그렇다면 우리 전기병사들도 조금은 편하게 일할 수 있는 날이 오지 않을까?

이상, 전기일보 취재기자 전류.

p.s. 별이네 가족은 앞으로도 에너지 절약 방법을 계속 실천할 것! 또 다시 에너지를 낭비한다면 이번에는 전류 기자와 전력 박사가 무시무시한 휴가를 준비할테니 각오할 것!

신재생 에너지를 소개합니다

에너지 자원은 한정되어 있는 데, 에너지 소비는 급격하게 늘면서 인류는 에너지 위기를 맞고 있다. 써도 없어지지 않고 다시 생기는 신재생 에너지는 위기를 극복할 수 있는 대안이 될 수 있을까? 새로운 에너지 자원에는 어떤 것들이 있을까?

신재생 에너지는 기존의 화석 연료를 변환시켜 이용하거나 햇빛, 물, 지열, 생물유기체 등을 포함하는 재생 가능한 에너지를 변환시켜 이용하는 에너지를 말한다.

대표적으로 태양 에너지를 이용한 태양광 에너지와 태양열 에너지가 있는데, 비슷해 보이지만 전기를 만드는 과정에서 큰 차이가 있다. 이밖에도 바람의 힘을 회전력으로 전환시켜 전기 에너지로 이용하는 풍력 에너지, 해양의 조수간만의 차, 파도, 해류 온도차 등을 변환시켜 전기나 열을 발생시키는 해양 에너지 등이 있다.

우리나라의 신재생 에너지 공급비중
자료 : 2019년 기준. 한국에너지공단 신재생 에너지센터

- 폐기물 48.7%
- 수력 3.2%
- 풍력 3.0%
- 바이오 24.5%

태양광 발전

태양광 발전은 광전효과(물질이 빛을 흡수하면 물질의 표면에서 전자가 생겨 전기가 발생하는 효과)를 이용하여 직접적으로 전기를 생성한다.(태양빛 ➜ 전기)

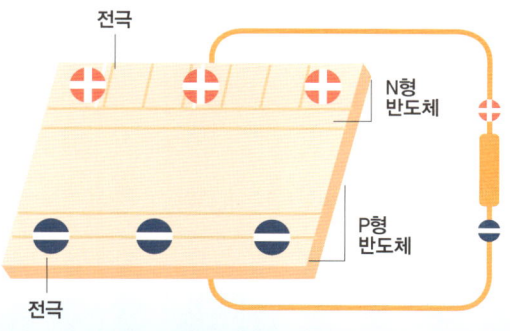

태양열 발전

태양열 발전은 태양열로 물을 끓여 증기를 발생시키고, 이를 이용해 터빈을 돌려 전기를 생성한다.(태양열 ➜ 기계에너지 ➜ 전기)

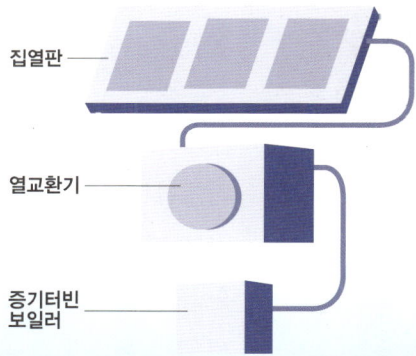

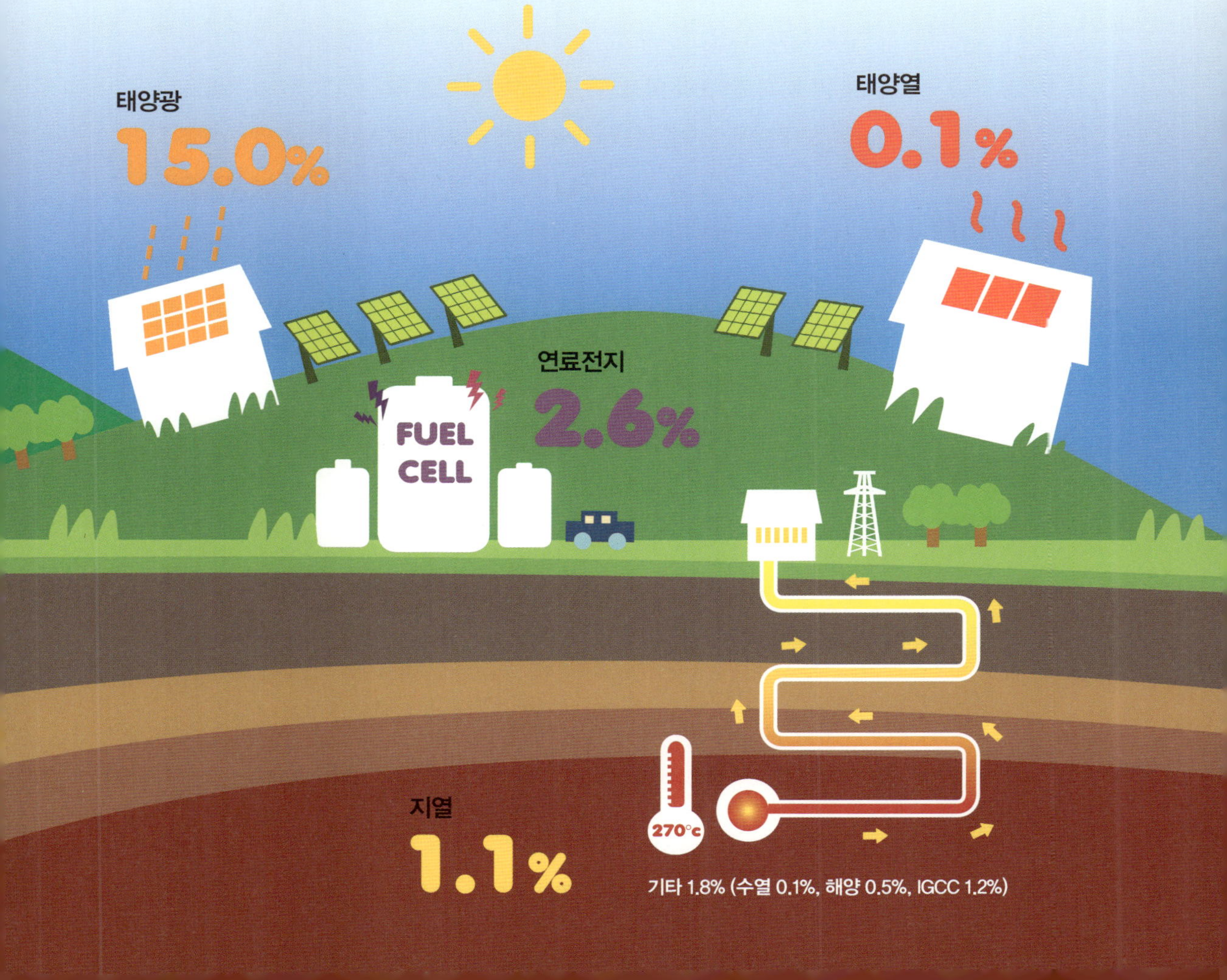

태양광 **15.0%**

태양열 **0.1%**

연료전지 **2.6%**

지열 **1.1%**

기타 1.8% (수열 0.1%, 해양 0.5%, IGCC 1.2%)

토론왕 되기!

지구를 지키기 위한 여러 가지 노력

산성비, 황사 등은 한 국가만의 문제가 아니다. 이웃 국가에까지 피해를 입힐 수 있기 때문이다. 환경문제는 여러 나라가 함께 해결해야 할 문제이고, 이를 위해 다양한 국제 사회의 노력이 필요하다.

환경문제를 논의한 최초의 국제회의는 1972년 6월 스웨덴의 스톡홀름에서 열린 '유엔 인간 환경 회의(UNCHE)'이다. 113개국이 참여한 이 회의를 통해 '유엔 환경 계획(UNEP)'이 설립되었다. 유엔 환경 계획은 환경문제에 대해 세계 여러 나라에게 심각성을 일깨우는 역할을 하고 있으며, 5년에 한 번 지구 전체의 환경과 관련된 보고서를 발간하고 있다. 1987년 9월에는 오존층을 파괴하는 물질에 대해 논의하는 '몬트리올 의정서'를 채택하고 오존층 보호를 위한 국제 협력을 촉구했고, 1992년 브라질 리우데자네이루에서는 '유엔 환경 개발 회의(UNCED)'가 열렸다.

주요 국제 환경 협약

- 런던 협약(1975년 발효): 폐기물 등 투기에 의한 해양 오염 방지에 관한 협약이다. 1996년에 배출 조건을 강화한 '1996 의정서'가 채택되었다.
- 람사르 협약(1975년 발효): 습지의 보호와 지속 가능한 이용에 관한 협약이다.
- 몬트리올 의정서(1989년 발효): 오존층 파괴 물질인 프레온가스의 생산과 사용을 규제하고자 제정한 협약이다. 이에 따라 규제 물질을 포함한

냉장고나 에어컨 등은 1992년 5월 이후 비가입국으로부터 수입할 수 없게 되었다.
- 바젤 협약(1992년 발효): 국제적으로 문제가 되는 유해 폐기물의 수출입과 그 처리를 규제하기 위해 제정된 협약이다.
- 생물 다양성 보존 협약(1993년 발효): 지구상의 다양한 생물종을 보호하고, 생물자원의 지속 가능한 이용을 위한 협약이다.
- 기후변화 협약(1994년 발효): 지구온난화의 원인인 온실가스 배출량을 억제하기 위한 협약. 기후변화 협약을 이끌어 낸 '리우 선언'과 '아젠다 21'은 환경문제 해결을 위한 국제 협력을 상징적으로 보여 준다.
- 사막화 방지 협약(1996년 발효): 심각한 가뭄과 사막화의 영향을 받고 있는 국가에 대한 재정적·기술적 지원과 이를 위한 재정 체계의 수립, 개발도상국의 사막화 대응 능력의 향상을 위해 채택된 국제 협약이다.
- 교토 의정서(2005년 발효): 기후변화 협약의 구체적 이행을 위한 협약으로, 온실가스 감축 목표를 담고 있다.
- 파리 기후변화 협약(2016년 발효): 지구 평균온도 상승 폭을 제한하기 위한 국제 협약이다. 온실가스 감축 목표를 각 나라 스스로 정해 약속하고 실천해야 한다. 2017년 미국이 탈퇴를 발표했지만 200여 개 국가는 여전히 협정을 이행중이다.

줄을 이어 봅시다

관계 있는 것과 줄을 지어 보아요

A 태양열 조리기

B 차량용 햇빛 가리개

C 태양광 발전

1 전기 에너지로 바로 바꿀 수 있지만 설치비가 비싸다

2 차 문 유리에 붙이면 차 안 온도를 낮출 수 있다.

3 태양열로 음식을 하는 기구. 계란이나 생닭을 올려놓으면 음식이 익는 것을 볼 수 있다.

정답 A-3, B-2, C-3

에너지 관련 사이트

한국에너지공단 http://www.energy.or.kr
기후변화와 기후 변화 협약과 같은 기후 이야기에 대해 구체적으로 이야기하는 사이트입니다. 특히 '어린이 기후 이야기'라는 페이지를 통해 어린이의 시각에 맞게 지구 온난화, 기후변화협약, 교토의정서 등에 대해 이야기하고 있어요. 온실가스 배출량 계산도 할 수 있고 기후 홍보 만화를 볼 수도 있습니다.

에너지경제연구원 http://www.keei.re.kr
'재미있는 에너지 교실'이라는 페이지를 만들어 청소년도 쉽게 이해할 수 있도록 쉽고 재미있게 에너지를 설명하고 있습니다. 어린이에너지교실, 에너지경제, 녹색 성장 등 환경은 물론 환경과 연관된 다양한 분야의 이야기를 다루고 있습니다.

제주에너지공사 신재생에너지 홍보관 https://www.jejuenergy.or.kr
풍력자원 사업 관리와 홍보를 위해 설립된 제주에너지공사의 홈페이지입니다. 어린이들을 위한 희망애(愛)너지 교육이나 가족단위 에코패밀리 등 다양한 체험을 해볼 수 있는 신재생에너지홍보관도 같이 운영하고 있답니다.

기후변화홍보포털 http://www.gihoo.or.kr
어린이기후변화교실, 알기 쉬운 기후변화, 지식발전소, 생활 속 CO_2 배출량 등 생활 속에서 접할 수 있는 기후 변화에 대해 이야기하고 있습니다. 또한 웹진을 발행하여 기후변화에 대해 꾸준히 알리는 역할을 하고 있지요.

기상이변 보통 지난 30년간의 기상과 아주 다른 기상 현상.

노출 겉으로 드러나거나 드러냄.

맹수 주로 육식을 하는 사나운 짐승. 사자나 범 따위를 이른다.

발령 긴급한 상황에 대한 경보를 발표함.

백문이 불여일견(百聞不如一見) 백 번 듣는 것이 한 번 보는 것보다 못하다는 뜻으로, 직접 경험해야 확실히 알 수 있다는 말.

온실효과 대기 중의 수증기, 이산화탄소, 오존 따위가 지표에서 우주 공간으로 향하는 적외선 복사를 대부분 흡수하여 지표의 온도를 비교적 높게 유지하는 작용. 빛은 받아들이고 열은 내보내지 않는 온실과 같은 작용을 한다는 데서 유래한 말이다.

유기물 생명체를 이루며 생명력에 의하여 만들어지는 물질.

소임 맡은 바 직책이나 임무.

유전 석유가 나는 곳.

임산부 임신 상태에 있는 부인을 임부라고 하고, 분만 중의 부인을 산부라고 하는데, 임부와 산부를 함께 가리키는 말.

전환 다른 방향이나 상태로 바뀌거나 바꿈.

폐기처분 소용이 없어진 물질 또는 시설을 적당한 수단으로 버리는 것. 대개의 경우는 방사성 물질을 포함해서 또는 그것으로 오염된 물질·장치·시설을 폐기물로 한 후 그것을 처분할 때까지의 일련의 행위를 뜻한다.

현미경 인간의 눈으로 관찰할 수 없는 미세한 물체나 미생물을 확대하여 관찰하는 기구이다. 초점 거리가 짧은 두 개의 볼록렌즈로 물체를 두 번 확대시킨다.

후유증 어떤 병을 앓고 난 뒤에도 남아 있는 병적인 증상.

SNS Social Network Service 또는 Social Network Site의 약자이다. 이제는 SNS라는 약칭으로 더 많이 불리고 있다. 현재 많은 사람이 다른 사람과 의사소통을 하거나 정보를 공유·검색하는 데 SNS를 일상적으로 이용하고 있다.

신나는 토론을 위한 맞춤 가이드

에너지에 대한 이야기를 재미있게 읽었나요? 이제 박사가 다 되었다고요? 그 전에 마지막 단계인 토론을 잊지 마세요. 토론을 잘하려면 올바른 지식과 다양한 정보가 바탕이 되어야 해요. 책을 다 읽고 친구 또는 엄마와 함께 신 나게 토론해 봐요!

잠깐! 토론과 토의는 뭐가 다르지?

토론과 토의는 모두 어떤 문제를 해결하기 위해 의견을 나누는 일입니다. 하지만 주제와 형식이 조금씩 달라요. 토의는 여러 사람의 다양한 의견을 한데 모아 협동하는 일이, 토론은 논리적인 근거로 상대방을 설득하는 일이 중요합니다. 토의는 누군가를 설득하거나 이겨야 하는 것이 아니기 때문에 서로 협력해서 생각의 폭을 넓히고 좋은 결정을 내릴 때 필요해요. 반면 토론은 한 문제를 놓고 찬성과 반대로 나뉘어 서로 대립하는 과정을 거치지요. 넓은 의미에서 토론은 토의까지 포함하는 경우가 많습니다. 토론과 토의 모두 논리적으로 생각 체계를 세우고, 사고력과 창의성을 높이는 데 도움을 준답니다.

토론의 올바른 자세

말하는 사람
1. 자신의 말이 잘 전달되도록 또박또박 말해요.
2. 바닥이나 책상을 보지 말고 앞을 보고 말해요.
3. 상대방이 자신의 주장과 달라도 존중해 주어요.
4. 주어진 시간에만 말을 해요.
5. 할 말을 미리 간단히 적어 두면 좋아요.

듣는 사람
1. 상대방에게 집중하면서 어떤 말을 하는지 열심히 들어요.
2. 비스듬히 앉지 말고 단정한 자세를 해요.
3. 상대방이 말하는 중간에 끼어들지 않아요.
4. 다른 사람과 떠들거나 딴짓을 하지 않아요.
5. 상대방의 말을 적으며 자기 생각과 비교해 봐요.

체계적으로 생각하기 1

사람들이 생각하는 원자는 어떻게 달라져왔을까요?

사람들이 생각하는 원자는 어떻게 달라졌을까요? 본문 내용을 참고하여 아래 연대표를 완성해 봅시다.

[?]
원자는 더 이상 쪼갤 수 없는 단단한 작은 공이라고 생각했다.

톰슨, 1903년
빵에 건포도가 박힌 것처럼 [?] 박혀 있다고 생각했다.

러더퍼드, 1911
원자의 중심에 질량의 대부분인 [?]이 있고 그 둘레를 원자가 돌고 있다고 생각했다.

[?]
원자핵을 중심으로 전자가 일정한 궤도를 돈다고 생각했다. 행성이 태양 주위를 도는 것과 비슷해서 [?]이라고도 한다. 전자가 핵을 중심으로 돌지.

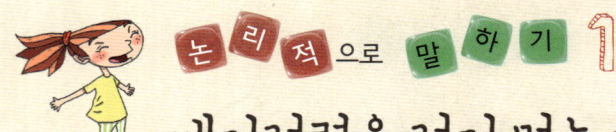

논리적으로 말하기 1
대기전력은 전기 먹는 하마

대기전력은 전원을 끈 상태에서 전기제품이 소비하는 전력을 말해요. 다음 기사를 읽고 대기전력에 대해 생각해 보아요.

한국전기연구원은 전국 105개 표본가구를 대상으로 대기전력을 조사한 '2011년 대한민국 대기전력 실측조사' 결과를 14일 발표했다.

대기전력이란 전원을 끈 상태에서 전기제품이 소비하는 전력으로 이번 조사 결과 대기전력 수치가 가장 높은 전자기기는 셋톱박스로 나타났다. 셋톱박스는 인터넷TV(IPTV)나 케이블TV를 연결하기 위해 쓰는 단말기로 대기전력 수치가 12.3W로 조사돼, TV의 대기전력 수치인 1.27W의 약 10배에 달했다. 13인치 노트북이 작동할 때 34.8W의 전력이 쓰이므로 셋톱박스 3대의 플러그만 꽂아둬도 노트북 한 대를 사용하는 데 필요한 전력이 낭비되는 셈이다. 셋톱박스 다음으로 대기전력을 많이 소모하는 기기는 인터넷 모뎀(5.95W)과 스탠드형 에어컨(5.81W), 보일러(5.81W)였다. 가정에서 많이 쓰는 전기밥솥과 전자레인지는 대기전력으로 각각 3.47W, 2.19W를 소비했으며 컴퓨터는 2.62W, 비데는 2.20W를 소비하는 것으로 나타났다.

이번 조사 결과 가구당 평균 18.5대의 가전기기를 가지고 있으며, 대기전력으로만 연간 209kWh(사용 시간 동안 소모한 전력량)의 전력이 소모되는 것으로 나타났다. 이는 한 가구가 연간 소비하는 총 전력량인 3400kWh의 6.1%에 해당하는 수치로, 사용하지 않는 전자기기의 플러그를 뽑아 두기만 해도 가정마다 매달 17.4kWh의 전기를 덜 써 전기요금 2000원을 절약할 수 있다. 전기연 김남균 전력반도체연구센터장은 "우리나라에서 한 해 대기전력으로 소모하는 전력량은 3470GWh로 전기요금으로 환산하면 4160억 원에 이른다"며 "앞으로 네트워크 가전과 스마트 기기가 대기전력을 많이 소비할 것으로 예상되는 만큼 이에 대한 연구와 정책을 연계해야 할 것"이라고 말했다.

동아일보 2012/06/15

1. 대기전력이 가장 높은 것은 무엇인가요? 대기전력이 높은 5개 순으로 그래프를 그려봅시다.

2. 대기전력을 줄이기 위해 우리가 할 수 있는 일은 어떤것이 있을까요?

논리적으로 말하기 2
경복궁 밝힌 지 127년만에 백열전구 꺼진다

1887년 경복궁에 처음 설치된 뒤 127년간 어둠을 밝혔던 백열전구가 내년 1월 한국에서 퇴출된다. 산업통상자원부는 2014년 1월부터 국내 시장에서 백열전구의 생산과 수입이 전면 중단된다고 16일 밝혔다. 이는 에너지절약을 위해 2008년 12월 마련된 백열전구 퇴출 조치에 따른 것이다.

정부가 백열전구 생산과 수입을 금지하는 것은 백열전구가 전력의 극히 일부만을 전기로 바꿔줘 에너지 효율이 낮기 때문이다. 1879년 미국의 토머스 에디슨이 발명한 백열전구는 소모 전력의 95%는 열로 방출하고 5%만 빛으로 바꾼다. 소모 전력의 25%가량을 빛으로 바꿔주는 발광다이오드(LED) 전등과 비교하면 에너지효율이 5분의 1에 불과한 셈이다. 연간 전기요금은 백열전구(60W)가 1만4366원, LED 전등(8W)은 1916원으로 백열전구가 7.5배 수준이다. 반면 수명은 백열전구가 1000시간에 그치지만 LED 전등은 2만5000시간에 이른다.

정부는 이미 지난해 1월부터 70W 이상 150W 미만 백열전구의 최저 소비효율기준을 2배가량 올려 퇴출을 유도했으며 내년 1월부터는 남아 있는 25W 이상 70W 미만 백열전구에도 생산이 불가능한 수준으로 강화된 효율기준을 적용할 계획이다. 정부는 백열전구 퇴출로 어려움을 겪을 수 있는 저소득층과 양계농가, 화훼농가에는 올해 322억 원을 들여 LED 램프를 보급하는 등 백열전구 대체 사업을 진행할 계획이다. 정부는 백열전구가 완전히 교체되면 연간 1800GWh 이상 전력(50만~65만 가구가 1년간 소비하는 전력량)이 절감될 것으로 기대하고 있다.

동아일보 2013/07/17

1. 백열전구와 LED등을 비교해 봅시다.

백열전구

LED등

2. 사람들이 사용하고 있는 백열전구를 일부러 굳이 바꿔야 할까요? 찬반으로 나누어 이야기해 봅시다.

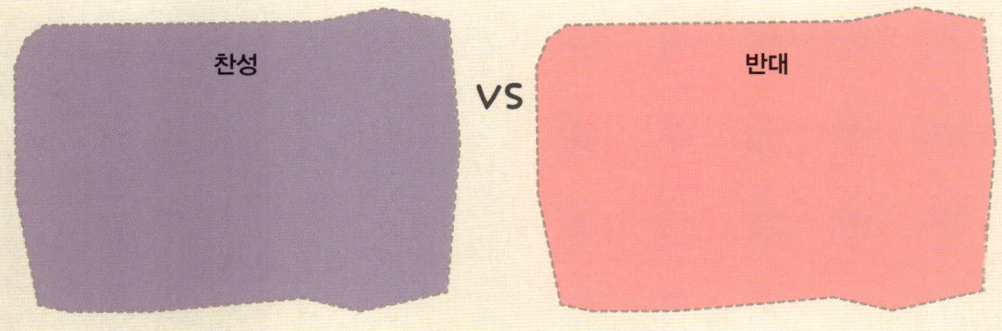

찬성 VS 반대

나만의 에너지 절약 노트

그동안 에너지를 너무 펑펑 쓰지는 않았나요? 지금 우리 주위를 둘러보면 절약할 수 있는 에너지들이 많이 있어요. 에너지를 절약할 수 있는 방법을 찾아 적어 봅시다.

집에서	
학교에서	
학원에서	

예시 답안

사람들이 생각하는 원자는 어떻게 달라져왔을까요?

1. 돌턴, 1803년
2. 양전하를 띈 공 안에 전자가
3. 원자핵
4. 보어 1913
5. 태양계 모형

대기전력은 전기 먹는 하마

1.

   셋톱박스 12.3W, 인터넷 모뎀 5.95W, 스탠드형 에어컨 5.81W, 보일러 5.81W, 전기밥솥 3.47W

2. 안 쓰는 제품의 플러그 뽑아 놓기, 멀티탭 사용하기, 에너지절약 마크가 붙어 있는 제품 사용하기.

경복궁 밝힌 지 127년만에 백열전구 꺼진다

1. **백열전구:** 소모 전력의 95%는 열로 방출하고 5%만 빛으로 바꾼다. 연간 전기요금은 백열전구는(60W) 1만4366원이고 반면 수명은 1000시간이다.

   LED 등: 소모 전력의 25%가량을 빛으로 바꾸며, LED 전등(8W)은 1916원으로 백열전구에 비가 7.5배 비싸다. 또한 LED 전등의 수명은 2만 5000시간에 이른다.

2. **찬성:** 에너지가 전환되면서 낭비되는 전력이 95%라면 당연히 바꿔야 한다. 사용자 입장에서 봤을 때도 전기세가 훨씬 더 비싸다. 여러모로 봤을 때 바꿔야할 이유가 많으므로 바꾸는 것이 당연하다.

   반대: 물론 백열전구가 전기세도 많이 나오고, 낭비되는 전력도 많으므로 LED등이 유리한 점이 많다. 하지만 백열전구가 더 이상 판매되지 않는다면, 어차피 수명이 다하면 자연스럽게 LED등으로 바뀌게 될 것이다. 굳이 잘 쓰고 있는 전구를 일부러 바꾸는 것은 개인의 자유를 침해하는 게 아닐까?

글쓴이 박주혜

2012년 문화일보 신춘문예에서 〈승리초등학교 5학년 2반 이기자 여사님〉이 당선되면서 본격적으로 동화를 쓰고 있어요. 어릴 때부터 재미있고 신이 나는 이야기를 그려 보는 걸 좋아했어요. 톡톡 튀는 상상력으로 통통 튀는 이야기를 상상하는 게 취미예요. 재미있는 글로 어린이 친구들을 만나려고 노력하고 있지요.
지은 책으로는 『토끼는 어떻게 새끼를 낳을까요?』, 『칸타비아라 성 똥깡이』, 『앗! 이런 발명가 와! 저런 발명품』 등이 있습니다.

그린이 김규준

김규준 선생님은 성균관대학교 미술교육과를 졸업했습니다. 졸업 후 교원과 대한교과서에서 학습 일러스트를 그렸고, 광고 및 영화의 시나리오 스토리보드를 그리기도 했습니다. 애니메이션 잡지 「뉴타입」에 그림을 그리는 등 다양한 일러스트레이션 작업을 했습니다. 그린 책으로는 《백범기념관》, 《행복한 I》, 《도쿠와 마법액자》 등이 있습니다.

초등 융합 사회과학 토론왕 시리즈 ⑩ 아낄수록 밝아지는 에너지

- 이 책에 실린 일부 내용은 《과학동아》, 《어린이과학동아》에 게재된 기사를 재인용하였습니다.
- 이 책에 실린 사진은 다음과 같이 기관으로부터 게재 허가를 받았습니다. (가나다 순)
  다만 출처를 잘못 알고 실은 사진이 있는 경우 해당 저작권자와 적법한 계약을 맺을 것입니다.

  동아일보
  위키피디아
  구글